日本留学試験（EJU）対策厳選書籍

数 学 コース2

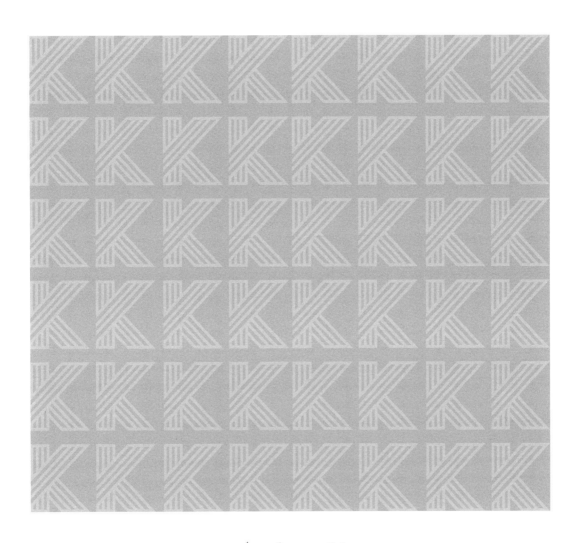

啓程塾

はじめに

　地球上のどこにいても，私たちは世界各国と瞬時につながることができ，同時に私たちの生活や仕事も，直接，世界の影響を受けるようになっています。これこそがまさにグローバル社会であり，これからの時代，グローバル化はますます進展してゆくことが容易に想像できます。

　こうした社会の変化において国内外の諸課題等を読み解き，考察し，理解を深めるために，近年，海外留学を志す学生が増加しています。留学先として日本も人気の国の一つとなっています。

　本書は外国人留学生が，日本の大学入試に備えて，本格的に実力をつけようと考えている受験生のために開発された問題集です。

　日本の大学に進学を希望する場合，留学生を対象とした日本留学試験（EJU）を受験する必要があります。EJU 利用校は，大学 451 校，大学院 67 校，短期大学 90 校（2018年 12 月現在）など，ほとんどの教育機関で導入されています。

　試験科目は「日本語」「理科」「総合科目」「数学」の 4 科目からなり，「理科」は物理・化学・生物の中から 2 科目選択，「数学」は 2 つのコースから出願予定の大学の指定に従い，選択するようになっています。

　試験は 6 月と 11 月の年 2 回行われ，日本国内だけでなく，国外でも受験可能となっており，現在は世界 14 か国 18 都市で実施されています。

　啓程塾に通う塾生たちは，この EJU で高得点を取るために，日々，講義と演習を何度も何度も繰り返しながら勉強に励んでいます。

　そして，私たち，啓程塾の指導陣も，夢を叶えようとする受験生のために，EJU で過去に出題された問題を徹底的に分析し，出題形式・出題内容・問題レベルなどを研究しています。

　このような啓程塾の教育活動の集大成として，この度，本書の出版に至りました。

　本書は，出題形式・問題レベルなど，本番試験的中を狙って編集されています。

受験生のみなさんは本書の問題に触れながら，「知識レベルは足りているのか」，「出題形式に慣れているのか」，「解答速度は時間内に間に合っているのか」，など本番前の再確認として大いに役立てください。

　本書で学んだ一人でも多くの留学生が，当日，高得点を取り，希望の大学に合格し，未来のリーダーとしてのスタートラインに立てることこそが私たちの喜びです。

　また，啓程塾では最新の情報をホームページなどで掲載・更新しております。

　ぜひ，併せてご活用ください。

　啓程塾スタッフ一同，吉報をお待ちしています。

2021 年　春

本書について

■ 日本留学試験（EJU）について

日本留学試験（EJU）は毎年6月と11月に行われ，試験科目は「日本語」および「理科」（物理・化学・生物），「数学」，「総合科目」です。

「数学」は，日本の大学等での学習に必要な数学の基礎学力を測るための試験です。そこで，「数学」は2つのコースに分かれていますが，一般的には文系学生が「数学コース1」を，理系学生が「数学コース2」を選択します。志望する大学の学部の募集要項に従い，当日に受験科目を選びましょう。

本書における数学用語や学習単元などは，日本の高等学校で使用される標準的な教科書に準拠しています。「数学コース2」の出題範囲は以下の通りです。

1.	数と式	2.	2次関数
3.	図形と計量	4.	場合の数と確率
5.	整数の性質	6.	図形の性質
7.	いろいろな式	8.	図形と方程式
9.	指数関数	10.	対数関数
11.	三角関数	12.	微分・積分
13.	数列	14.	ベクトル
15.	複素数平面	16.	平面上の曲線
17.	極限	18.	微分法・積分法

■ 本書の使い方

本書は，中国語での解説動画と日本語の文章による解説を収録しています。自分自身で解説を確認することで，勉強に役立ちます。本書は10回分の予想問題を収録しており，留学生が日本留学試験の形式に慣れるために十分な問題の量となっています。本試験と同じ時間，同じ解答用紙で問題を解いてみましょう。解答後は正解を確認し，間違えたところを整理したうえで，不得意なところを繰り返し勉強してください。最後に，実力をもって本試験に臨みましょう。

中国語動画解説の視聴方法

STEP 1

はじめに，WeChat（微信）で上記の
QR コードをスキャンします。

STEP 2

一番下にある「**启程在线**」をクリックします。

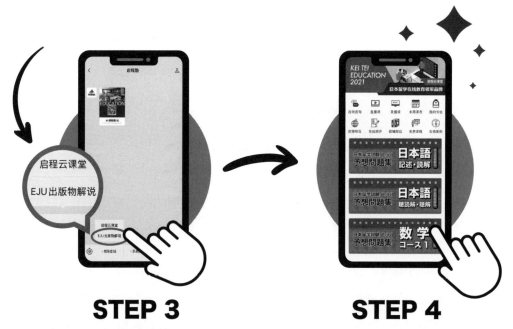

STEP 3

「**启程在线**」をクリックすると，
「**EJU 出版物解説**」が表示されます。
「**EJU 出版物解説**」をクリックします。

STEP 4

視聴したい科目を選んで，解説動画で学習
しましょう。

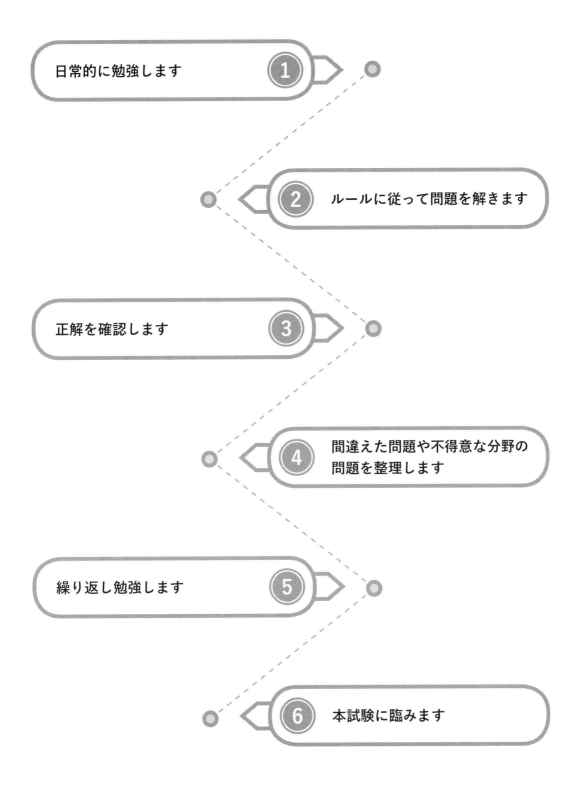

1 日常的に勉強します

2 ルールに従って問題を解きます

3 正解を確認します

4 間違えた問題や不得意な分野の問題を整理します

5 繰り返し勉強します

6 本試験に臨みます

日本留学試験（EJU）
数学コース2　予想問題

目次

付録

第①回

（制限時間：80 分）

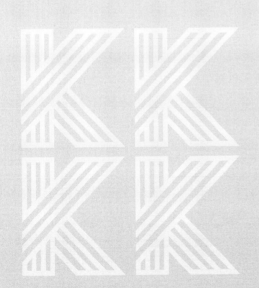

$$\boxed{\text{I}}$$

問1　a を実数とし，2次関数

$$f(x) = ax^2 + x + \frac{1}{4a^2}$$

について考える。

(1)　$y = f(x)$ の頂点の座標は

$$\left(\frac{-1}{\boxed{\text{A}}\, a}, \ \frac{1}{\boxed{\text{B}}\, a^2} - \frac{1}{\boxed{\text{C}}\, a} \right)$$

である。

(2)　(1) で求めた頂点の座標を $(p, \ q)$ とおくと

$$q = p^{\boxed{\text{D}}} + \frac{\boxed{\text{E}}}{\boxed{\text{F}}}\, p$$

が成り立つ。

(3)　次の文中の $\boxed{\text{G}}$，$\boxed{\text{H}}$ には，下の選択肢⓪〜⑦の中から適するものを選びなさい。

(2) において，a が $a \geqq 1$ の範囲で動くとき，p，q のとり得る値の範囲は，それぞれ $\boxed{\text{G}}$，$\boxed{\text{H}}$ である。

⓪ $0 < p \leqq 1$　　① $0 < p \leqq \dfrac{1}{2}$　　② $-1 \leqq p < 0$　　③ $-\dfrac{1}{2} \leqq p < 0$

④ $0 < q \leqq \dfrac{1}{2}$　　⑤ $0 < q \leqq \dfrac{3}{2}$　　⑥ $-\dfrac{1}{16} \leqq q \leqq \dfrac{1}{2}$　　⑦ $-\dfrac{1}{16} \leqq q \leqq 0$

-計算欄 (memo)-

問 2　箱の中に 1 から 9 までの数字が書かれたカードが，それぞれ 1 枚ずつ，計 9 枚入って
いる。この箱の中から 3 枚のカードを同時に取り出す。このとき，取り出されたカード
の 3 つの番号について，次の各事象の確率を考えよう。

(1)　3 つの番号がすべて偶数である確率は $\dfrac{\boxed{\text{I}}}{\boxed{\text{JK}}}$ である。

(2)　3 つの番号に奇数が含まれる確率は $\dfrac{\boxed{\text{LM}}}{\boxed{\text{NO}}}$ である。

(3)　3 つの番号がすべて 6 以下である確率は $\dfrac{\boxed{\text{P}}}{\boxed{\text{QR}}}$ である。

(4)　3 つの番号のうち最大の数が 7 以上である確率は $\dfrac{\boxed{\text{ST}}}{\boxed{\text{UV}}}$ である。

(5)　3 つの番号に奇数が含まれ，なおかつ 3 つの番号のうち最大の数が 7 以上である確
率は $\dfrac{\boxed{\text{WX}}}{\boxed{\text{YZ}}}$ である。

-計算欄 (memo)-

$\boxed{\text{I}}$ の問題はこれで終わりです。

II

問 1　三角形 OAB があり，OA=3，OB=1，∠AOB = 60° とする。$\vec{a} = \overrightarrow{\text{OA}}$，$\vec{b} = \overrightarrow{\text{OB}}$ とおき，∠AOB の二等分線を l とするとき，以下の問に答えよ。

(1)

$$\vec{a} \cdot \vec{b} = \frac{\boxed{\text{A}}}{\boxed{\text{B}}}$$

である。

(2)　l と辺 AB の交点を P とすると

$$\overrightarrow{\text{OP}} = \frac{\boxed{\text{C}}}{\boxed{\text{D}}}\vec{a} + \frac{\boxed{\text{E}}}{\boxed{\text{F}}}\vec{b}$$

である。

-計算欄 (memo)-

(3)　線分 AB を直径とする円を C とする。l と C の 2 つの交点を，O に近い方から順に Q，R とすると，$\overrightarrow{OQ}$，$\overrightarrow{OR}$ は，いずれもある実数 k を用いて

$$k\left(\vec{a} + \boxed{\text{G}}\ \vec{b}\right)$$

と表せる。これと $\angle AQB = \angle ARB = 90°$ であることを用いると

$$\overrightarrow{OQ} = \frac{\boxed{\text{H}} - \sqrt{\boxed{\text{I}}}}{\boxed{\text{J}}}\left(\vec{a} + \boxed{\text{G}}\ \vec{b}\right)$$

$$\overrightarrow{OR} = \frac{\boxed{\text{H}} + \sqrt{\boxed{\text{I}}}}{\boxed{\text{J}}}\left(\vec{a} + \boxed{\text{G}}\ \vec{b}\right)$$

と求まる。したがって，線分 OQ と QR の長さの比を考えると

$$\frac{\text{QR}}{\text{OQ}} = \boxed{\text{K}} + \boxed{\text{L}}\sqrt{\boxed{\text{M}}}$$

である。

-計算欄 (memo)-

問 2　複素数平面上に正三角形 ABB′ がある。ただし，B の x 座標の方が B′ の x 座標より大きいとする。

辺 BB′ の中点を C とし，3 点 A，B，C に対応する複素数をそれぞれ A(α)，B(β)，C(γ) とするとき

$$\alpha = 3 + i, \ \gamma = 1 + 2i$$

であるとする。

(1)

$$\beta - \alpha = \frac{\boxed{\text{N}}\sqrt{\boxed{\text{O}}}}{\boxed{\text{P}}}\left\{\cos\left(\frac{\boxed{\text{Q}}}{\boxed{\text{R}}}\pi\right) + i\sin\left(\frac{\boxed{\text{Q}}}{\boxed{\text{R}}}\pi\right)\right\} \cdot (\gamma - \alpha)$$

が成り立つ。よって，

$$\beta = \left(\boxed{\text{S}} + \frac{\sqrt{\boxed{\text{O}}}}{\boxed{\text{T}}}\right) + \left(\boxed{\text{U}} + \frac{\boxed{\text{V}}}{\boxed{\text{W}}}\sqrt{\boxed{\text{O}}}\right)i$$

となる。

(2)　点 D(δ)（ただし，$\delta = 4 + 2i$）をとると

$$\tan\angle\text{BAD} = \boxed{\text{X}} + \frac{\boxed{\text{Y}}}{\boxed{\text{Z}}}\sqrt{\boxed{\text{O}}}$$

である。

-計算欄 (memo)-

Ⅱ の問題はこれで終わりです。

x の関数

$$f(x) = x^3 - 9ax^2 + 24a^2x \ (a は正の定数)$$

の $x \geqq 1$ における最小値 m を求めよう。

(1)　$f(x)$ は $x = \boxed{\text{A}} \, a$ のとき極大となり，$x = \boxed{\text{B}} \, a$ のとき極小となる。

(2)　$f(x)$ の極小値は

$$f\left(\boxed{\text{B}} \, a\right) = \boxed{\text{CD}} \, a^{\boxed{\text{E}}}$$

である。また

$$f(a) = \boxed{\text{FG}} \, a^{\boxed{\text{H}}}$$

である。

(3)　(2) を参考にして m を求めると

　(i)　$0 < a \leqq \dfrac{\boxed{\text{I}}}{\boxed{\text{J}}}$ のとき，$m = \boxed{\text{KL}} \, a^{\boxed{\text{M}}} - \boxed{\text{N}} \, a + \boxed{\text{O}}$ である。

　(ii)　$\dfrac{\boxed{\text{I}}}{\boxed{\text{J}}} < a \leqq \boxed{\text{P}}$ のとき，$m = \boxed{\text{QR}} \, a^{\boxed{\text{S}}}$ である。

　(iii)　$\boxed{\text{P}} < a$ のとき，$m = \boxed{\text{KL}} \, a^{\boxed{\text{M}}} - \boxed{\text{N}} \, a + \boxed{\text{O}}$ である。

　(i) の範囲で a を動かしたとき，m は $a = \dfrac{\boxed{\text{T}}}{\boxed{\text{UV}}}$ のとき最小となる。

-計算欄 (memo)-

III の問題はこれで終わりです。 III の解答欄 **W** ～ **Z** はマークしないでください。

IV

関数

$$f(x) = x\left(\log x\right)^2 \quad (x > 0)$$

について考えよう。

(1)　$f(x)$ の導関数，および第2次導関数を求めると

$$f'(x) = \log x\left(\log x + \boxed{\textbf{A}}\right),$$
$$f''(x) = \frac{\boxed{\textbf{B}}}{x}\left(\log x + \boxed{\textbf{C}}\right)$$

である。

　よって，$f(x)$ は

$$x = \boxed{\textbf{D}}, \ e^{\boxed{\textbf{EF}}}$$

のときに極値をとる。また，曲線 $C : y = f(x)$ の変曲点 A の座標は

$$\left(e^{\boxed{\textbf{GH}}}, \ e^{\boxed{\textbf{IJ}}}\right)$$

である。

-計算欄 (memo)-

したがって，$\lim_{x \to +0} f(x) = 0$ であることを用いてよいとすると，関数 $y = f(x)$ のグラフは $\boxed{\text{K}}$ のようになる。ただし，$\boxed{\text{K}}$ には，次の選択肢 ⓪ 〜 ⑤ の中から適するものを選びなさい。

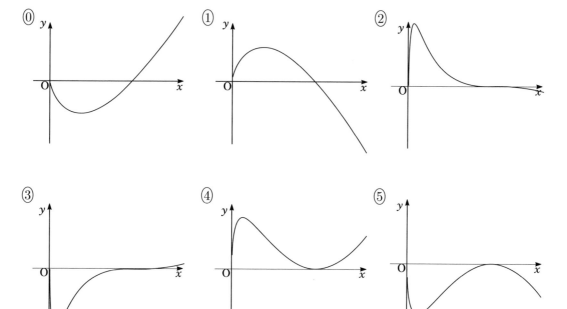

(2) (1) において，曲線 C の点 A における接線 l の方程式は

$$y = \boxed{\text{L}}\, x + \frac{\boxed{\text{M}}}{e}$$

であり，曲線 C の $e^{\boxed{\text{GH}}} \leqq x \leqq \boxed{\text{D}}$ の部分，直線 l，および x 軸で囲まれる部分の面積は

$$\frac{\boxed{\text{N}}}{\boxed{\text{O}}}\left(1 - \frac{\boxed{\text{P}}}{e^{\boxed{\text{Q}}}}\right)$$

である。

-計算欄 (memo)-

IV の問題はこれで終わりです。 IV の解答欄 **R** ～ **Z** はマークしないでください。

コース 2 の問題はこれですべて終わりです。解答用紙の V はマークしないでください。

解答用紙の解答コース欄に「コース 2」が正しくマークしてあるか,

もう一度確かめてください。

この問題冊子を持ち帰ることはできません。

第②回

（制限時間：80分）

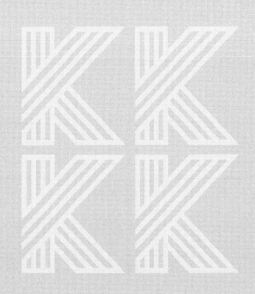

$$\boxed{\text{ I }}$$

問1　x の 2 次関数 $y = -2x^2 + (a+3)x + a - 3$ (a は実数) のグラフ C について考える。

(1)　C が x 軸と異なる 2 点で交わるための a に関する条件は，$\boxed{\text{ A }}$ である。ただし，$\boxed{\text{ A }}$ には，次の選択肢⓪〜⑨の中から適するものを選びなさい。

⓪ $a > 3$　　　　　① $a < 3$　　　　　② $-5 < a < 3$

③ $-5 \leqq a \leqq 3$　　④ $a < -5,\ 3 < a$　⑥ $a \leqq -5,\ 3 \leqq a$

⑤ $-15 < a < 1$　　⑦ $-15 \leqq a \leqq 1$　⑧ $a < -15,\ 1 < a$

⑨ $a \leqq -15,\ 1 \leqq a$

(2)　(1) のとき，C と x 軸の交点を A，B とし，C の頂点を P とする。三角形 ABP が直角二等辺三角形となるとき，線分 AB の長さは P の y 座標の $\boxed{\text{ B }}$ 倍であるから，a の値は

$$a = \boxed{\text{ CD }} \pm \boxed{\text{ E }} \sqrt{\boxed{\text{ FG }}}$$

である。

$a = \boxed{\text{ CD }} + \boxed{\text{ E }} \sqrt{\boxed{\text{ FG }}}$ のとき，P の座標は

$$\left(\boxed{\text{ HI }} + \frac{\sqrt{\boxed{\text{ FG }}}}{\boxed{\text{ J }}},\ \frac{\boxed{\text{ K }}}{\boxed{\text{ L }}} \right)$$

である。

-計算欄 (memo)-

-計算欄 (memo)-

問2

　　円を10等分する点に，0〜9の番号が振られてい
る。この10個の中から異なる3点を選び，それら
を頂点とする三角形を作る。

　　次の (1)〜(5) の各問いに答えなさい。

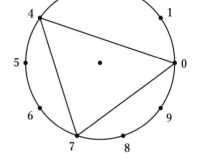

(1)　　三角形の総数は $\boxed{\textbf{MNO}}$ である。

(2)　　二等辺三角形の個数は $\boxed{\textbf{PQ}}$ である。

(3)　　直角三角形の個数は $\boxed{\textbf{RS}}$ である。

(4)　　鈍角三角形の個数は $\boxed{\textbf{TU}}$ である。

(5)　　鋭角三角形の個数は $\boxed{\textbf{VW}}$ である。

-計算欄 (memo)-

Ⅰ の問題はこれで終わりです。Ⅰ の解答欄 **X** ～ **Z** はマークしないでください。

II

問 1

$$a_1 = 1,$$

$$a_{n+1} = 2a_n + 4^n + 5 \ (n = 1, \ 2, \ 3, \ \cdots)$$

で定まる数列 $\{a_n\}$ の一般項を求めよう。

数列 $\{b_n\}$ を

$$b_n = \frac{a_n}{2^n} \ (n = 1, \ 2, \ 3, \ \cdots)$$

で定めると，$\{b_n\}$ は

$$b_{n+1} - b_n = \boxed{\text{A}}^{\,n-\boxed{\text{B}}} + \boxed{\text{C}} \left(\frac{\boxed{\text{D}}}{\boxed{\text{E}}} \right)^{n+\boxed{\text{F}}}$$

を満たす。

よって，$n \geqq 2$ のとき

$$b_n = \boxed{\text{G}}^{\,n-\boxed{\text{H}}} - \boxed{\text{I}} \left(\frac{\boxed{\text{J}}}{\boxed{\text{K}}} \right)^{n} + \boxed{\text{L}}$$

と求まり，これは $n = 1$ においても成立する。

よって，求める $\{a_n\}$ の一般項は

$$a_n = 2^{\boxed{\text{M}}\,n - \boxed{\text{N}}} + 2^{n+\boxed{\text{O}}} - \boxed{\text{P}}$$

である。

-計算欄 (memo)-

問 2　O を原点とする xy 平面上に 2 点 A$(a,\ 0)$，B$(0,\ b)$ $(a > 0,\ b > 0)$ をとり，三角形 OAB の内接円 C の半径を r とする。

(1)　直線 AB の方程式は $\boxed{\text{Q}}$ である。ただし，$\boxed{\text{Q}}$ には，次の選択肢⓪～⑦の中から適するものを選びなさい。

⓪ $ax + by = 1$　　① $ax - by = 1$　　② $bx + ay = 1$　　③ $bx - ay = 1$

④ $ax + by = ab$　　⑤ $ax - by = ab$　　⑥ $bx + ay = ab$　　⑦ $bx - ay = ab$

(2)　C の中心と直線 AB の距離が r であることを用い，r を $a,\ b$ で表すと，$r = \boxed{\text{R}}$ となる。ただし，$\boxed{\text{R}}$ には，次の選択肢⓪～⑥の中から適するものを選びなさい。

⓪ $\dfrac{a + b}{2}$　　　① $\dfrac{|a - b|}{2}$　　　② $\dfrac{\sqrt{a^2 + b^2}}{2}$

③ $\dfrac{a + b + \sqrt{a^2 + b^2}}{2}$　　④ $\dfrac{|a - b| + \sqrt{a^2 + b^2}}{2}$

⑤ $\dfrac{a + b - \sqrt{a^2 + b^2}}{2}$　　⑥ $\dfrac{|a - b| - \sqrt{a^2 + b^2}}{2}$

(3)　$a,\ b$ が

$$a + b = k\ (k は正の定数)$$

を満たしながら変化する。このとき積 ab の最大値は

$$\frac{\boxed{\text{S}}}{\boxed{\text{T}}} k^{\boxed{\text{U}}}$$

であり，(2) より r の最大値は

$$\frac{\boxed{\text{V}} - \sqrt{\boxed{\text{W}}}}{\boxed{\text{X}}} k$$

である。

-計算欄 (memo)-

Ⅱ の問題はこれで終わりです。Ⅱ の解答欄 **Y** , **Z** はマークしないでください。

III

xy 平面上で，半円 $x^2 + y^2 = 1 \ (y \geqq 0)$ 上に動点 P$(\cos\theta, \ \sin\theta) \ (0 \leqq \theta \leqq \pi)$ をとる。

また，点 P を通り x 軸と垂直な直線と x 軸との交点を H，点 P を通り y 軸と垂直な直線と直線 $x = -\dfrac{1}{6}$ との交点を I，直線 $x = -\dfrac{1}{6}$ と x 軸の交点を J とし，長方形 PIJH の面積を S とおく。S の最大値を求めよう。

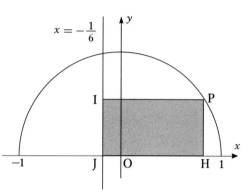

なお，辺 PH あるいは辺 PI の長さが 0 になることも起こり得るが，その場合も便宜的に PIJH を「長方形」とみなすことにする。

(1)　S を θ で表すと，$S = \boxed{\textbf{A}}$ となる。ただし，$\boxed{\textbf{A}}$ には，次の選択肢⓪〜⑤の中から適するものを選びなさい。

$$⓪ \ \sin\theta\cos\theta \qquad ① \ \sin\theta\left(\cos\theta - \frac{1}{6}\right) \qquad ② \ \sin\theta\left(\cos\theta + \frac{1}{6}\right)$$

$$③ \ \sin\theta\,(1 - \cos\theta) \qquad ④ \ \sin\theta\left|\cos\theta - \frac{1}{6}\right| \qquad ⑤ \ \sin\theta\left|\cos\theta + \frac{1}{6}\right|$$

-計算欄 (memo)-

(2)　$S \geqq 0$ であるから，S と S^2 は同時に最大となる。そこで，S^2 を計算し，$t = \cos\theta$ とおくと

$$S^2 = \left(\boxed{\text{B}} - t^{\boxed{\text{C}}}\right)\left(t + \frac{\boxed{\text{D}}}{\boxed{\text{E}}}\right)^{\boxed{\text{F}}}$$

である。これを $f(t)$ とおく。ただし，t のとり得る値の範囲は

$$\boxed{\text{GH}} \leqq t \leqq \boxed{\text{I}}$$

である。

　$f(t)$ が極大値をとる t の値は

$$t = \frac{\boxed{\text{JK}}}{\boxed{\text{L}}}, \quad \frac{\boxed{\text{M}}}{\boxed{\text{N}}}$$

であり，S の最大値は

$$\frac{\boxed{\text{O}}\sqrt{\boxed{\text{P}}}}{\boxed{\text{QR}}}$$

である。

-計算欄 (memo)-

III の問題はこれで終わりです。III の解答欄 S ～ Z はマークしないでください。

IV

x の関数

$$f(x) = e^{-x} \sin x \ (x \geqq 0)$$

を考え，$f(x)$ が極大となる x の値を小さい方から順に X_k $(k = 0,\ 1,\ 2,\ \cdots)$ とし，$f(x)$ が極小となる x の値を小さい方から順に x_k $(k = 0,\ 1,\ 2,\ \cdots)$ とする。

(1)

$$X_k = \frac{\boxed{\text{A}}}{\boxed{\text{B}}}\pi + \boxed{\text{C}}\,k\pi$$

$$x_k = \frac{\boxed{\text{D}}}{\boxed{\text{E}}}\pi + \boxed{\text{F}}\,k\pi$$

である。

-計算欄 (memo)-

(2)　極大値 $f(X_k)$ を求めて整理すると

$$f(X_k) = \sqrt{\frac{\boxed{\text{G}}}{\boxed{\text{H}}}} \cdot e^{-\frac{\pi}{\boxed{\text{I}}}} \cdot \left(e^{\boxed{\text{JK}}\pi}\right)^k$$

となる。

(3)　極大値からなる無限級数の和を計算すると

$$\sum_{k=0}^{\infty} f(X_k) = \sqrt{\frac{\boxed{\text{G}}}{\boxed{\text{H}}}} \cdot \frac{e^{\frac{\boxed{\text{L}}}{\boxed{\text{M}}}\pi}}{e^{\boxed{\text{N}}\pi} - 1}$$

となる。また

$$\sum_{k=0}^{\infty} \left\{ f(X_k) - f(x_k) \right\} = \sqrt{\frac{\boxed{\text{G}}}{\boxed{\text{H}}}} \cdot \frac{e^{\frac{\boxed{\text{O}}}{\boxed{\text{P}}}\pi}}{e^{\pi} - \boxed{\text{Q}}}$$

である。

-計算欄 (memo)-

IV の問題はこれで終わりです。IV の解答欄 R ～ Z はマークしないでください。

コース 2 の問題はこれですべて終わりです。解答用紙の V はマークしないでください。

解答用紙の解答コース欄に「コース 2」が正しくマークしてあるか，

もう一度確かめてください。

この問題冊子を持ち帰ることはできません。

第 ③ 回

（制限時間：80 分）

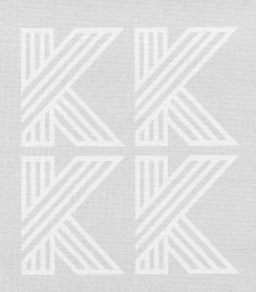

I

問 1　x の 2 次関数 $y = ax^2 + bx + c$ (a, b, c は実数) のグラフ C について考える。

(1)　C の頂点の座標は

$$\left(\frac{\boxed{\text{A}}\, b}{\boxed{\text{B}}\, a},\ \ c - \frac{b^2}{\boxed{\text{C}}\, a} \right)$$

である。

(2)　C が点 $(-1,\ 1)$ を通るとき，

$$a - b + c = \boxed{\text{D}}$$

が成り立つ。さらに C の頂点が直線 $x + y = 1$ 上にあるとき，a と b の間には，関係式

$$\boxed{\text{E}}\, a^2 - \boxed{\text{F}}\, ab + b^2 + \boxed{\text{G}}\, b = 0 \quad \cdots\cdots \quad \text{①}$$

が成り立つ。

-計算欄 (memo)-

(3)　次の文中の　H　，　I　には，下の選択肢⓪〜⑨の中から適するものを選びなさい。

(2) において，①を満たす実数 b が存在するための条件を考えることにより，a のとり得る値の範囲は

$$a \boxed{\text{H}} \boxed{\text{I}}, \ a \neq 0$$

であることがわかる。

⓪ ＝　　① ≠　　② ＞　　③ ＜　　④ ≧　　⑤ ≦

⑥ 4　　⑦ －4　　⑧ $\frac{1}{4}$　　⑨ $-\frac{1}{4}$

-計算欄 (memo)-

問 2　1個のサイコロを 3 回投げ，出た目を順に a, b, c とおく。このとき，次の (1)〜(5) の確率をそれぞれ求めよ。

(1)　$a+b+c=6$ となる確率は $\dfrac{\boxed{\text{J}}}{\boxed{\text{KLM}}}$ である。

(2)　$abc=6$ となる確率は $\dfrac{\boxed{\text{N}}}{\boxed{\text{OP}}}$ である。

(3)　$(a-b)^2+(b-c)^2+(c-a)^2=0$ となる確率は $\dfrac{\boxed{\text{Q}}}{\boxed{\text{RS}}}$ である。

(4)　$(a-b)(b-c)(c-a)=0$ となる確率は $\dfrac{\boxed{\text{T}}}{\boxed{\text{U}}}$ である。

(5)　$\left\{(a-1)^2+(b-2)^2\right\}\left\{(b-2)^2+(c-3)^2\right\}=0$ となる確率は $\dfrac{\boxed{\text{VW}}}{\boxed{\text{XYZ}}}$ である。

-計算欄 (memo)-

I の問題はこれで終わりです。

II

問1　四面体 OABC があり，

$$AB = BC = CA = 1, \ OA = OB = OC = 2$$

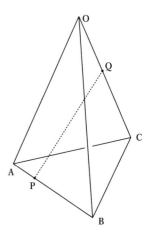

とする。

辺 AB 上に点 P，辺 OC 上に点 Q を

$$AP : PB = s : (1-s), \ OQ : QC = t : (1-t)$$

（ただし，$0 < s < 1, \ 0 < t < 1$）

となるようにとる。$\vec{a} = \overrightarrow{OA}, \ \vec{b} = \overrightarrow{OB}, \ \vec{c} = \overrightarrow{OC}$ とおくと

き，以下の問に答えよ。

(1)　$\overrightarrow{OD} = \dfrac{1}{2}\vec{a} + \dfrac{1}{4}\vec{b} + \dfrac{1}{5}\vec{c}$ を満たす点 D をとる。D が直線 PQ 上にあるとき，ある実

数 x を用いて

$$\overrightarrow{OD} = x\overrightarrow{OP} + \left(\boxed{\textbf{A}} - x \right) \overrightarrow{OQ}$$

と表せる。これを用いると

$$s = \frac{\boxed{\textbf{B}}}{\boxed{\textbf{C}}}, \ \ t = \frac{\boxed{\textbf{D}}}{\boxed{\textbf{E}}}$$

と求まる。

-計算欄 (memo)-

(2) 　三角形 OAB において余弦定理を用いると

$$\cos \angle \mathrm{AOB} = \frac{\boxed{\text{F}}}{\boxed{\text{G}}}$$

である。これを用いると

$$\vec{a} \cdot \vec{b} = \frac{\boxed{\text{H}}}{\boxed{\text{I}}}$$

と求まる。

(3)

$$\mathrm{PQ}^2 = s^2 + \boxed{\text{J}} \, t^2 - s - \boxed{\text{K}} \, t + \boxed{\text{L}}$$

である。よって，PQ は

$$s = \frac{\boxed{\text{M}}}{\boxed{\text{N}}}, \quad t = \frac{\boxed{\text{O}}}{\boxed{\text{P}}}$$

のとき最小となる。

-計算欄 (memo)-

問2　$\alpha = 6 - 2i$ とし，O を原点とする複素数平面上の点 A(α) を考える。

(1)　次の文中の $\boxed{\text{Q}}$，$\boxed{\text{R}}$ には，下の選択肢⓪〜⑦の中から適するものを選びなさい。

線分 OA の垂直二等分線 l の方程式は $\boxed{\text{Q}}$ である。

また，線分 OA を直径とする円周 C の方程式は $\boxed{\text{R}}$ である。

⓪ $(3+i)z + (3-i)\overline{z} = 10$ 　　　① $(3-i)z + (3+i)\overline{z} = 10$

② $(3+i)z + (3-i)\overline{z} = 20$ 　　　③ $(3-i)z + (3+i)\overline{z} = 20$

④ $(3+i)z + (3-i)\overline{z} = z\overline{z}$ 　　　⑤ $(3-i)z + (3+i)\overline{z} = z\overline{z}$

⑥ $(3+i)z + (3-i)\overline{z} = \dfrac{1}{2}z\overline{z}$ 　　　⑦ $(3-i)z + (3+i)\overline{z} = \dfrac{1}{2}z\overline{z}$

(2)　(1) において，C，l の交点のうち，第 1 象限にあるものを B(β) とすると

$$\frac{\beta}{\alpha} = \frac{\boxed{\text{S}}}{\boxed{\text{T}}} + \frac{\boxed{\text{U}}}{\boxed{\text{V}}}i$$

である。

(3)　(1) において，C 上の動点を P(z) (ただし，$z \neq 0$) とし，それに対して

$$w = \frac{k}{\overline{z}}\ (k\text{は実数})$$

で定まる点 Q(w) の軌跡が l と一致するとき

$$k = \boxed{\text{WX}}$$

である。

-計算欄 (memo)-

$\boxed{\text{II}}$ の問題はこれで終わりです。$\boxed{\text{II}}$ の解答欄 $\boxed{\textbf{Y}}$, $\boxed{\textbf{Z}}$ はマークしないでください。

III

a は定数で，$a > 1$ を満たすとする。

xy 平面上の 2 曲線

$$C_1 : y = x^2$$

$$C_2 : x^2 + (y - a)^2 = 1$$

について，次の問いに答えなさい。

C_1，C_2 の方程式を連立し，x を消去して整理すると

$$\begin{cases} y^2 + \left(\boxed{\textbf{A}} - \boxed{\textbf{B}}\, a \right) y + a^2 - \boxed{\textbf{C}} = 0 \\ \text{ただし，} y \geqq 0 \end{cases} \quad \cdots\cdots \quad \text{①}$$

となる。この方程式の左辺を $f(y)$ とおくと，$f(0) = a^2 - \boxed{\textbf{C}} > 0$ である。

また，$f(y)$ を平方完成すると

$$f(y) = \left\{ y - \left(a - \dfrac{\boxed{\textbf{D}}}{\boxed{\textbf{E}}} \right) \right\}^2 + a - \dfrac{\boxed{\textbf{F}}}{\boxed{\textbf{G}}}$$

となり，$a - \dfrac{\boxed{\textbf{D}}}{\boxed{\textbf{E}}} > 0$ も成り立つ。

-計算欄 (memo)-

これらをもとにして ① を満たす y の個数を考えることにより，C_1，C_2 の共有点の個数は，

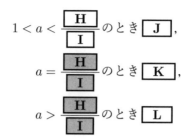

$$1 < a < \frac{\boxed{\text{H}}}{\boxed{\text{I}}} \text{ のとき } \boxed{\text{J}},$$

$$a = \frac{\boxed{\text{H}}}{\boxed{\text{I}}} \text{ のとき } \boxed{\text{K}},$$

$$a > \frac{\boxed{\text{H}}}{\boxed{\text{I}}} \text{ のとき } \boxed{\text{L}}$$

である。

また，$a = \dfrac{\boxed{\text{H}}}{\boxed{\text{I}}}$ のとき，C_1 と C_2 で囲まれる図形の面積は

$$\frac{\boxed{\text{M}} \sqrt{\boxed{\text{N}}}}{\boxed{\text{O}}} - \frac{\pi}{\boxed{\text{P}}}$$

である。

-計算欄 (memo)-

III の問題はこれで終わりです。 III の解答欄 Q ～ Z はマークしないでください。

IV

xy 平面上の $0 \leqq x \leqq \dfrac{\pi}{4}$ の範囲で

$$C_1 : y = \tan x$$

$$C_2 : y = m \sin x \ (m \text{は正の定数})$$

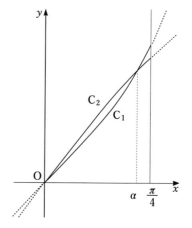

を考える。

$0 < x < \dfrac{\pi}{4}$ の範囲で考えると，C_1 と C_2 の方程式を連立して簡単にすると

$$\cos x = \frac{\boxed{\text{A}}}{m}$$

となる。よって，C_1 と C_2 が $0 < x < \dfrac{\pi}{4}$ の範囲で交わるような m の値の範囲は

$$\boxed{\text{B}} < m < \sqrt{\boxed{\text{C}}} \quad \cdots\cdots \quad \text{①}$$

である。

①のとき

$$\cos \alpha = \frac{\boxed{\text{A}}}{m} \quad \left(0 < \alpha < \frac{\pi}{4} \right) \quad \cdots\cdots \quad \text{②}$$

を満たす α が1つに定まる。以下，この α を用いる。

-計算欄 (memo)-

-計算欄 (memo)-

C_1 ，C_2 および直線 $x = \dfrac{\pi}{4}$ で囲まれる 2 つの部分の面積の和を S とする。S を， ②を利用することによって m で表すと

$$S = \left(\boxed{\text{D}} + \frac{\sqrt{\boxed{\text{E}}}}{\boxed{\text{F}}} \right) m - \boxed{\text{G}} \log m - \boxed{\text{H}} + \log \sqrt{\boxed{\text{I}}}$$

となる。よって

$$\frac{dS}{dm} = \left(\boxed{\text{D}} + \frac{\sqrt{\boxed{\text{E}}}}{\boxed{\text{F}}} \right) - \frac{\boxed{\text{G}}}{m}$$

となり，S は

$$m = \boxed{\text{J}} - \boxed{\text{K}} \sqrt{\boxed{\text{L}}}$$

のとき最小となることがわかる。

-計算欄 (memo)-

IV の問題はこれで終わりです。 IV の解答欄 **M** 〜 **Z** はマークしないでください。

コース 2 の問題はこれですべて終わりです。解答用紙の **V** はマークしないでください。

解答用紙の解答コース欄に「コース 2」が正しくマークしてあるか，

もう一度確かめてください。

この問題冊子を持ち帰ることはできません。

第④回

（制限時間：80分）

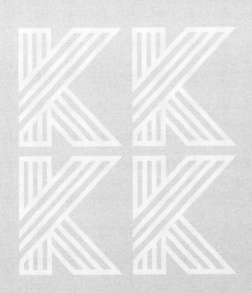

Ⅰ

問 1　$a,\ b$ は実数とする。放物線 $y = 3x^2 + ax + 1$ を C_0 とする。

(1)　C_0 を x 軸方向へ a, y 軸方向へ b だけ平行移動した放物線を C_1 とする。C_1 が 2 点 $(0,\ 1),\ (1,\ -6)$ を通るとき

$$a = \boxed{\text{A}},\quad b = \boxed{\text{BC}}$$

である。

(2)　C_0 を x 軸方向へ a だけ平行移動し，さらに直線 $y = b$ に関して対称移動した放物線を C_2 とする。C_2 が点 $(5,\ 1)$ において直線 $y = 1$ に接するとき

$$a = \boxed{\text{D}},\quad b = \frac{\boxed{\text{EF}}}{\boxed{\text{G}}}$$

である。

-計算欄 (memo)-

問 2　サイコロを 1 つ投げて出た目に応じて点 P を x 軸上で動かす試行を繰り返す。最初，P は原点 O にあったものとして，以下の問に答えよ。

(1)　出た目が 1，2 なら P は x 軸の正の向きへ 1 だけ進め，それ以外の場合 P は動かさない。この試行を繰り返すとき，第 7 回後に初めて P の x 座標が 4 となる確率は $\dfrac{\boxed{\text{HIJ}}}{3^7}$ である。

(2)　出た目を 3 で割った余りに応じて，P を次のように動かす。

余りが 0 のとき，P は動かさない。

余りが 1 のとき，P を x 軸の正の向きへ 1 だけ進める。

余りが 2 のとき，P を x 軸の負の向きへ 1 だけ進める。

この試行を繰り返すとき，第 7 回後に P の x 座標が 3 である確率は $\dfrac{\boxed{\text{KLM}}}{3^7}$ である。

また，第 7 回後までに P が動いた道のりが 4 となる確率は $\dfrac{\boxed{\text{NOP}}}{3^7}$ である。

(例) 出た目が順に 4，2，4，3，5，6，1 のとき，P が進んだ道のりは

$$1 + |-1| + 1 + 0 + |-1| + 0 + 1 = 5$$

である。

(3)　出た目の数だけ P を x 軸の正の向きへ進める。この試行を繰り返すとき，第 6 回後に P の x 座標が偶数である確率は $\dfrac{\boxed{\text{Q}}}{\boxed{\text{R}}}$ である。

-計算欄 (memo)-

Ⅰ の問題はこれで終わりです。Ⅰ の解答欄 S ～ Z はマークしないでください。

II

問 1

$$a_1 = -3,$$

$$a_{n+1} = -\frac{(n+1)(n+3)}{n+2}a_n \ (n = 1, \ 2, \ 3, \ \cdots)$$

で定まる数列 $\{a_n\}$ について考えよう。

(1)　数列 $\{b_n\}$ を

$$b_n = \frac{a_n}{(n+2)n!} \ (n = 1, \ 2, \ 3, \ \cdots)$$

によって定めると，$\{b_n\}$ は，任意の自然数 n に対して $\boxed{\text{A}}$ を満たす。ただし，$\boxed{\text{A}}$ には，次の選択肢⓪〜⑦の中から適するものを選びなさい。

⓪ $b_{n+1} = b_n + 1$ 　　① $b_{n+1} = b_n - 1$ 　　② $b_{n+1} = b_n + 2$ 　　③ $b_{n+1} = b_n$

④ $b_{n+1} = -b_n$ 　　⑤ $b_{n+1} = 2b_n$ 　　⑥ $b_{n+1} = 2b_n + 1$ 　　⑦ $b_{n+1} = 2b_n - 1$

(2)　(1) より，数列 $\{b_n\}$ の一般項は

$$b_n = \left(\boxed{\text{BC}}\right)^n$$

である。よって，数列 $\{a_n\}$ の一般項は

$$a_n = \left(\boxed{\text{DE}}\right)^n \left(n + \boxed{\text{F}}\right)n!$$

-計算欄 (memo)-

(3)

$$c_n = \left(\boxed{\textbf{DE}} \right)^n \cdot n! \ (n = 1, \ 2, \ 3, \ \cdots)$$

とおくと，

$$a_n = \boxed{\textbf{G}}$$

が成り立つ。ただし，$\boxed{\textbf{G}}$ には，次の選択肢⓪〜⑨の中から適するものを選びなさい。

⓪ c_n　　　① $- c_n$　　　② $2c_n$　　　③ $- 2c_n$　　　④ nc_n

⑤ $(n+1)c_n$　　⑥ $c_{n+1} + c_n$　　⑦ $c_{n+1} - c_n$　　⑧ $c_n - c_{n+1}$　　⑨ $c_{n+1} - 2c_n$

これを利用すると，数列 $\{a_n\}$ の初項から第 n 項までの和は

$$\sum_{k=1}^{n} a_k = \left(\boxed{\textbf{HI}} \right)^n \left(n + \boxed{\textbf{J}} \right)! - \boxed{\textbf{K}}$$

と求まる。

-計算欄 (memo)-

問 2　O を原点とする複素数平面上の異なる 3 点 $A(\alpha)$，$B(\beta)$，$C(\gamma)$ について，以下の各問に答えよ。ただし，i は虚数単位を表すとする。

(1)　α，β が

$$\alpha^2 + \alpha\beta + \beta^2 = 0$$

を満たすとき

$$\frac{\beta}{\alpha} = \frac{\boxed{\text{LM}} \pm \sqrt{\boxed{\text{N}}}\, i}{\boxed{\text{O}}}$$
$$= \cos\left(\pm\frac{\boxed{\text{P}}}{\boxed{\text{Q}}}\pi\right) + i\sin\left(\pm\frac{\boxed{\text{P}}}{\boxed{\text{Q}}}\pi\right) \ (\text{複号同順})$$

である。よって，$|\alpha| = 1$ のとき，三角形 OAB の面積は $\dfrac{\sqrt{\boxed{\text{R}}}}{\boxed{\text{S}}}$ である。

-計算欄 (memo)-

(2) α, β, γ が

$$2\alpha^2 + 3\beta^2 + \gamma^2 - 4\alpha\beta - 2\beta\gamma = 0$$

を満たすとき

$$\left|\frac{\gamma - \beta}{\alpha - \beta}\right| = \sqrt{\boxed{\text{T}}},$$

$$\arg\frac{\gamma - \beta}{\alpha - \beta} = \pm\frac{\pi}{\boxed{\text{U}}}$$

である。

また，

$$\tan\angle\text{CAB} = \sqrt{\boxed{\text{V}}},$$

$$\tan\left(\arg\frac{2\gamma - \beta - \alpha}{\beta - \alpha}\right) = \pm\boxed{\text{W}}\sqrt{\boxed{\text{X}}},$$

$$\tan\left(\arg\frac{2\gamma - \beta - \alpha}{\gamma - \alpha}\right) = \pm\frac{\sqrt{\boxed{\text{Y}}}}{\boxed{\text{Z}}}$$

である。

-計算欄 (memo)-

Ⅱ の問題はこれで終わりです。

III

x の関数

$$f(x) = x^x(2-2x)^{1-x} \ (0 < x < 1)$$

について考えよう。

(1) 次の文中の $\boxed{\textbf{A}}$, $\boxed{\textbf{B}}$ には，下の選択肢 ⓪ 〜 ⑦ の中から適するものを選びなさい。

$f(x)$ の値はつねに正である。そこで，$f(x)$ の自然対数をとると

$$\log f(x) = \boxed{\textbf{A}}$$

である。これを x で微分すると

$$\frac{d}{dx} \log f(x) = \boxed{\textbf{B}}$$

となる。

⓪ $x(1-x)\log x(2-2x)$ ① $x(1-x)\log x \cdot \log(2-2x)$

② $x(1-x) + \log x \cdot \log(2-2x)$ ③ $x\log x + (1-x)\log(2-2x)$

④ $\log x - \log(1-x)$ ⑤ $\log x - \log(2-2x)$

⑥ $\log x - \log(1-x) + \dfrac{1}{x} - \dfrac{1}{1-x}$ ⑦ $\log x - \log(2-2x) + \dfrac{1}{x} - \dfrac{2}{2-2x}$

-計算欄 (memo)-

(2)　次の文中の $\boxed{\text{E}}$ には，下の選択肢⓪，①のうち適するものを選び，他の $\boxed{}$ には適する数を入れなさい。

$f(x)$ と $\log f(x)$ の増減は一致するから，(1) より $f(x)$ は

$$x = \frac{\boxed{\text{C}}}{\boxed{\text{D}}} \text{ のとき } \boxed{\text{E}} \text{ となり，} f\left(\frac{\boxed{\text{C}}}{\boxed{\text{D}}}\right) = \frac{\boxed{\text{F}}}{\boxed{\text{G}}}$$

である。

⓪ 極大　　　① 極小

-計算欄 (memo)-

(3)　(2) の結果を用いると，関数 $y = f(x)$ のグラフは $\boxed{\text{H}}$ である。ただし，$\boxed{\text{H}}$ には，次の選択肢⓪〜⑦の中から適するものを選びなさい。

なお，必要なら $\lim\limits_{t \to +0} t^t = 1$ であることを用いてよいとする。

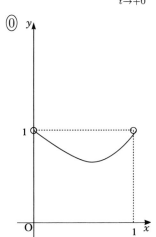

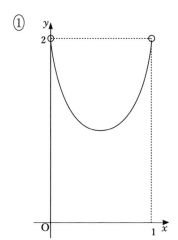

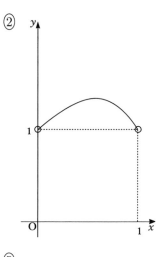

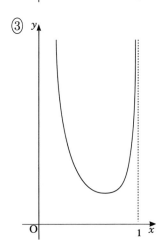

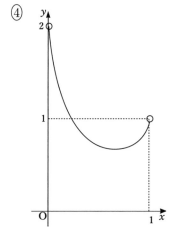

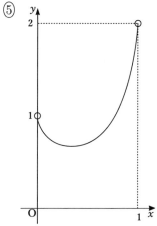

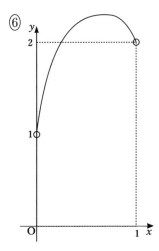

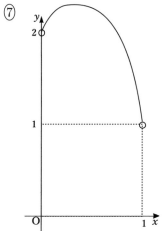

-計算欄 (memo)-

IV

a は正の定数とする。$f(x) = \dfrac{1}{a + x^2}$ とし，関数 $y = f(x)$ $(x \geqq 0)$ のグラフを C とする。また，$g(x) = \dfrac{1}{a} - f(x)$ $(x \geqq 0)$ とおき，関数 $y = g(x)$ のグラフを D とする。以下の問に答えよ。

(1)　C と D の交点の x 座標は $x = \boxed{\text{A}}$ である。ただし，$\boxed{\text{A}}$ には，次の選択肢 ⓪ 〜 ⑥ の中から適するものを選びなさい。

$$⓪ \ 1 \qquad ① \ \frac{1}{2} \qquad ② \ a \qquad ③ \ \frac{a}{2} \qquad ④ \ \sqrt{a} \qquad ⑤ \ \frac{1}{a} \qquad ⑥ \ \frac{1}{2a}$$

(2)　次の文中の $\boxed{\text{B}}$，$\boxed{\text{C}}$ には，下の選択肢 ⓪ 〜 ⑧ の中から適するものを選び，他の $\boxed{}$ には適する数を入れなさい。

C，D および y 軸で囲まれる部分を x 軸のまわりに 1 回転してできる立体の体積を V とすると

$$V = \boxed{\text{B}}$$

と表される。$x = \boxed{\text{C}}$ とおいて置換積分すると

$$V = \pi \left(\frac{\pi}{\boxed{\text{D}}} - \boxed{\text{E}} \right) a^{\frac{\boxed{\text{FG}}}{\boxed{\text{H}}}}$$

と求まる。

$$⓪ \ \int_0^{\boxed{\text{A}}} \{ f(x) - g(x) \} \, dx \qquad\qquad ① \ \int_0^{\boxed{\text{A}}} \{ g(x) - f(x) \} \, dx$$

$$② \ \int_0^{\boxed{\text{A}}} \left[\pi \{ f(x) \}^2 - \pi \{ g(x) \}^2 \right] dx \qquad ③ \ \int_0^{\boxed{\text{A}}} \left[\pi \{ g(x) \}^2 - \pi \{ f(x) \}^2 \right] dx$$

$$④ \ \int_0^{\boxed{\text{A}}} \pi \{ f(x) - g(x) \}^2 dx$$

$$⑤ \ x = a \sin\theta \qquad ⑥ \ x = \sqrt{a} \sin\theta \qquad ⑦ \ x = a \tan\theta \qquad ⑧ \ x = \sqrt{a} \tan\theta$$

-計算欄 (memo)-

(3)　次の文中の $\boxed{\text{I}}$，$\boxed{\text{O}}$ には，下の選択肢 ⓪〜⑨ の中から適するものを選び，他の $\boxed{}$ には適する数を入れなさい。

C，D，y 軸および直線 $x = a\ (0 < a < 1)$ で囲まれる部分を x 軸のまわりに 1 回転してできる立体の体積を W とする。

$$\tan \alpha = \boxed{\text{I}} \quad \left(0 < \alpha < \frac{\pi}{2}\right) \quad \cdots\cdots \quad \text{①}$$

を満たす α を用いると

$$W = \pi \left(\boxed{\text{J}}\, a^{\frac{\boxed{\text{KL}}}{\boxed{\text{M}}}} \cdot \alpha - \frac{\boxed{\text{N}}}{a} \right)$$

と表される。また，①を用いると

$$\lim_{a \to +0} aW = \boxed{\text{O}}$$

となる。

⓪ 1 　　① a 　　② $\dfrac{1}{a}$ 　　③ $\sqrt{a}$ 　　④ $\dfrac{1}{\sqrt{a}}$

⑤ π 　　⑥ 2π 　　⑦ $\dfrac{\pi}{2}$ 　　⑧ π^2 　　⑨ $\dfrac{\pi^2}{2}$

-計算欄 (memo)-

第⑤回

（制限時間：80分）

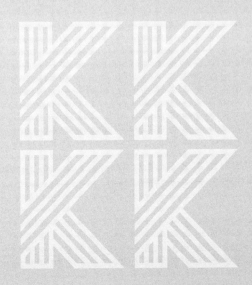

I

問1　x の 2 次方程式

$$x^2 + 2ax + 2a^2 - 2 = 0 \quad \cdots\cdots \quad ①$$

について，以下の問に答えよ。

(1)　①が $x = 2$ を解にもつとき

$$a = \boxed{\textbf{AB}}$$

である。

(2)　①が $1 \leqq x \leqq 2$ の範囲に異なる 2 つの解をもつとき，a のとり得る値の範囲は

$$\boxed{\textbf{C}} \sqrt{\boxed{\textbf{D}}} < a \leqq \frac{\boxed{\textbf{EF}} - \sqrt{\boxed{\textbf{G}}}}{\boxed{\textbf{H}}}$$

である。

(3)　①が $0 \leqq x \leqq 2$ の範囲に少なくとも 1 つの解をもつとき，a のとり得る値の範囲は

$$\boxed{\textbf{I}} \sqrt{\boxed{\textbf{J}}} \leqq a \leqq \boxed{\textbf{K}}$$

である。

-計算欄 (memo)-

問 2　2 つの箱 A，B があり，どちらの箱にも 1 から 6 までの数字が書かれたカードが，それぞれ 1 枚ずつ，計 6 枚入っている。箱 A から 2 枚のカードを同時に取り出し，箱 B からも同様に 2 枚のカードを同時に取り出す。このとき取り出されたカードの数を用いて次のような実数の集合 A，B を作る。

- 箱 A から取り出したカードに書かれた数のうち，小さい方を i，大きい方を j とし，

$$A = \{\, x \mid i \leqq x \leqq j \,\}$$

とする。

- 箱 B から取り出したカードに書かれた数のうち，小さい方を k，大きい方を l とし，

$$B = \{\, x \mid k \leqq x \leqq l \,\}$$

とする。

箱 A，B からカードを取り出す方法の数について，以下の問に答えよ。

(1)　取り出し方は全部で　**LMN**　通りある。

　　そのうち $A = B$ となる取り出し方は　**OP**　通りある。

(2)　$i = 1$，$j = 5$ であり，しかも B が A の部分集合となるような取り出し方は　**QR**　通りある。

　　$j - i = 4$ であり，しかも B が A の部分集合となるような取り出し方は　**ST**　通りある。

　　B が A の部分集合となるような取り出し方は　**UV**　通りある。

-計算欄 (memo)-

(3)　実数 x に関する条件「$x \in A$」が，条件「$x \in B$」の必要条件でも十分条件でもない
ような取り出し方は $\boxed{\textbf{WXY}}$ ある。

(4)　$A \cap B \neq \varnothing$ となる取り出し方は $\boxed{\textbf{Z}}$ 通りである。ただし，$\boxed{\textbf{Z}}$ には，次の選択
肢⓪〜⑨の中から適するものを選びなさい。

⓪ 28　　① 29　　② 30　　③ 31　　④ 32

⑤ 193　　⑥ 194　　⑦ 195　　⑧ 196　　⑨ 197

-計算欄 (memo)-

I の問題はこれで終わりです。

II

問 1 平面上で, $AB = \sqrt{6}$, $BC = 2\sqrt{2}$, $CA = \sqrt{14}$ の直角三角形 ABC に対して

$$\left|\overrightarrow{AP}\right|^2 + \overrightarrow{BP} \cdot \overrightarrow{CP} = \overrightarrow{AB} \cdot \overrightarrow{AC} \quad \cdots\cdots \quad \text{①}$$

を満たす動点 P を考える。$\vec{b} = \overrightarrow{AB}$, $\vec{c} = \overrightarrow{AC}$, $\vec{p} = \overrightarrow{AP}$ とおくとき, 以下の問に答えよ。

(1) $\vec{b} \cdot \vec{c} = \boxed{}$ である。

(2) ①を変形すると

$$\boxed{} \left|\vec{p}\right|^2 - \left(\vec{b} + \vec{c}\right) \cdot \vec{p} = \boxed{}$$

となる。これをさらに変形すると

$$\left|\vec{p} - \frac{\vec{b} + \vec{c}}{\boxed{}}\right| = \sqrt{\boxed{}}$$

となる。これが, 動点 P の軌跡のベクトル方程式である。

-計算欄 (memo)-

(3)　内積 $\overrightarrow{\mathrm{AP}} \cdot \overrightarrow{\mathrm{CP}}$ の最大値，最小値を求めよう。

$$\overrightarrow{\mathrm{AD}} = \frac{\vec{b} + \vec{c}}{\boxed{\mathrm{D}}}$$

を満たす点 D をとると

$$\overrightarrow{\mathrm{AP}} \cdot \overrightarrow{\mathrm{CP}} = \boxed{\mathrm{FG}} - \left(\overrightarrow{\mathrm{DA}} + \overrightarrow{\mathrm{DC}} \right) \cdot \overrightarrow{\mathrm{DP}}$$

と変形できて，

$$\left| \overrightarrow{\mathrm{DA}} + \overrightarrow{\mathrm{DC}} \right| = \sqrt{\boxed{\mathrm{H}}}$$

である。よって，内積 $\overrightarrow{\mathrm{AP}} \cdot \overrightarrow{\mathrm{CP}}$ の最大値，最小値は，それぞれ

$$\boxed{\mathrm{I}} , \quad - \boxed{\mathrm{J}}$$

である。

-計算欄 (memo)-

問2　複素数 z の2つの方程式

$$z^2 - \sqrt{2}z + 1 = 0 \quad \cdots\cdots \quad \text{①}$$

$$z^5 = i \ (i\text{は虚数単位}) \quad \cdots\cdots \quad \text{②}$$

について考える。

(1)　①の2つの解は

$$z = \frac{\sqrt{\boxed{\text{K}}} \pm \sqrt{\boxed{\text{L}}}\,i}{\boxed{\text{M}}}$$

である。

-計算欄 (memo)-

(2)　②の解 z を

$$z = \cos\theta + i\sin\theta$$

ただし，$0 \leqq \theta < 2\pi$　$\cdots\cdots$　③

とおく。このとき

$$z^5 = \cos\boxed{\text{ N }}\theta + i\sin\boxed{\text{ N }}\theta$$

となる。よって，②のとき

$$\boxed{\text{ N }}\theta = \frac{\pi}{\boxed{\text{ O }}} + 2\pi\cdot k \ (k\text{はある整数})$$

が成り立つ。これと③より

$$\theta = \frac{\pi}{\boxed{\text{ PQ }}} + \frac{\boxed{\text{ R }}}{\boxed{\text{ S }}}\pi\cdot k \ \left(0 \leqq k \leqq \boxed{\text{ T }}\right)　\cdots\cdots　④$$

である。

④のうち，複素数平面で第 2 象限にあるものを α とおくと

$$\arg(\alpha + 1) = \frac{\boxed{\text{ U }}}{\boxed{\text{ VW }}}\pi$$

である。ただし，偏角は 0 以上 2π 未満の範囲で答えよ。

-計算欄 (memo)-

(3)　次の文中の $\boxed{\text{X}}$ には，下の選択肢 ⓪〜⑧ の中から適するものを選び，$\boxed{\text{YZ}}$ には適する数を入れなさい。

(2) の α および (1) の解の 1 つである $\beta = \dfrac{\sqrt{\boxed{\text{K}}} + \sqrt{\boxed{\text{L}}}\, i}{\boxed{\text{M}}}$ について考える。

$$\alpha^n + \frac{1}{\alpha^n} = \beta^n + \frac{1}{\beta^n} \quad (n\text{は自然数}) \quad \cdots\cdots \quad ⑤$$

が成り立つとき，n はある整数 l を用いて $\boxed{\text{X}}$ のように表せる。よって，⑤を満たす自然数 n のうち最小のものは

$$n = \boxed{\text{YZ}}$$

である。

⓪ $n = \dfrac{1}{4}l$　　① $n = \dfrac{9}{10}l$　　② $n = \dfrac{1}{4}l$ または $n = \dfrac{9}{10}l$

③ $n = \dfrac{20}{3}l$　　④ $n = \dfrac{20}{7}l$　　⑤ $n = \dfrac{20}{3}l$ または $n = \dfrac{20}{7}l$

⑥ $n = \dfrac{40}{13}l$　　⑦ $n = \dfrac{40}{23}l$　　⑧ $n = \dfrac{40}{13}l$ または $n = \dfrac{40}{23}l$

-計算欄 (memo)-

Ⅱ の問題はこれで終わりです

III

x の関数

$$f(x) = \frac{2}{3}x^3, \quad g(x) = x^2 + ax + b \ (a, \ b は実数)$$

を考える。xy 平面上の 2 曲線

$$C_1 : y = f(x), \quad C_2 : y = g(x)$$

が点 $\left(t, \ \dfrac{2}{3}t^3\right)$ (tは実数) で接するとき，次の問いに答えなさい。

　ただし，2 曲線がある点 P で接するとは，2 曲線が P を共有し，なおかつ P における両者の接線が一致することをいう。

(1)　$a, \ b$ を t を用いて表すと

$$a = \boxed{\text{A}} \, t^2 - \boxed{\text{B}} \, t$$
$$b = \frac{\boxed{\text{CD}}}{\boxed{\text{E}}} t^3 + t^2$$

となる。

(2)　放物線 C_2 の頂点の y 座標を $h(t)$ とおくと

$$h(t) - \boxed{\text{F}} \, t^4 + \frac{\boxed{\text{G}}}{\boxed{\text{H}}} t^3$$

であり，これは $t = \dfrac{\boxed{\text{I}}}{\boxed{\text{J}}}$ のとき最大値 $\dfrac{\boxed{\text{K}}}{\boxed{\text{LM}}}$ をとる。

-計算欄 (memo)-

(3)　次の文中の $\boxed{\text{N}}$ には，下の選択肢⓪〜⑤の中から適するものを選び，他の $\boxed{}$ には適する数を入れなさい。

2 曲線 C_1，C_2 が異なる 2 つの共有点をもつための t に関する条件は

$$t \boxed{\text{N}} \frac{\boxed{\text{O}}}{\boxed{\text{P}}}$$

である。このとき，共有点の x 座標のうち t 以外のものを u とおくと

$$u = \frac{\boxed{\text{Q}}}{\boxed{\text{R}}} - \boxed{\text{S}}\,t$$

である。

$$⓪ \ = \quad ① \ \neq \quad ② \ > \quad ③ \ < \quad ④ \ \geqq \quad ⑤ \ \leqq$$

(4)　次の文中の $\boxed{\text{T}}$ には，下の選択肢⓪〜④の中から適するものを選び，他の $\boxed{}$ には適する数を入れなさい。

$t > \dfrac{\boxed{\text{O}}}{\boxed{\text{P}}}$ のとき，2 曲線 C_1，C_2 で囲まれる部分の面積を S とすると

$$S = \boxed{\text{T}}$$

と表され，これを計算すると

$$S = \frac{\boxed{\text{U}}}{\boxed{\text{V}}}\left(t - \frac{\boxed{\text{W}}}{\boxed{\text{X}}}\right)^{\boxed{\text{Y}}}$$

となる。

$$⓪ \ \int_t^u \{ f(x) + g(x) \}\, dx \qquad ① \ \int_u^t \{ f(x) + g(x) \}\, dx \qquad ② \ \int_t^u \{ f(x) - g(x) \}\, dx$$

$$③ \ \int_u^t \{ f(x) - g(x) \}\, dx \qquad ④ \ \int_u^t \{ g(x) - f(x) \}\, dx$$

-計算欄 (memo)-

III の問題はこれで終わりです。 III の解答欄 **Z** はマークしないでください。

IV

数列 $\{I_n\}$ を

$$I_n = \int_0^1 x^{2n} \sin x \, dx \ (n = 0, \ 1, \ 2, \ \cdots)$$

で定める。ただし，$x^0 = 1$ とする。

(1)

$$I_0 = \boxed{\text{A}} - \cos \boxed{\text{B}}$$

である。

(2)　積分区間 $0 \leqq x \leqq 1$ において，つねに

$$0 \leqq x^{2n} \sin x \leqq x^{2n}$$

が成り立つことを用いて得られる不等式

$$\boxed{\text{C}} \leqq I_n \leqq \frac{\boxed{\text{D}}}{\boxed{\text{E}} \, n + \boxed{\text{F}}}$$

により，

$$\lim_{n \to \infty} I_n = \boxed{\text{G}}$$

と求まる。

-計算欄 (memo)-

(3)　$n \geqq 1$ のとき，I_n に対して部分積分法を 2 回繰り返して適用することにより，漸化式

$$I_n = \boxed{\text{H}} \cos \boxed{\text{I}} + \boxed{\text{J}}\, n \sin \boxed{\text{K}} - \boxed{\text{L}}\, n \left(\boxed{\text{M}}\, n - \boxed{\text{N}} \right) I_{n-\boxed{\text{O}}}$$

が得られる。

　　さらに，$J_n = \dfrac{(-1)^n I_n}{(2n)!}$ $(n = 0,\ 1,\ 2,\ \cdots)$ と置換すると，数列 $\{J_n\}$ は漸化式

$$J_n - J_{n-\boxed{\text{O}}} = \boxed{\text{P}} \quad (n = 1,\ 2,\ 3,\ \cdots)$$

を満たす。ただし，$\boxed{\text{P}}$ には，次の選択肢 ⓪〜⑤ の中から適するものを選びなさい。

⓪ $(\sin 1) \cdot \dfrac{(-1)^n}{(2n+1)!} + (\cos 1) \cdot \dfrac{(-1)^n}{(2n)!}$　　　① $(\sin 1) \cdot \dfrac{(-1)^n}{(2n+1)!} - (\cos 1) \cdot \dfrac{(-1)^n}{(2n)!}$

② $(\cos 1) \cdot \dfrac{(-1)^n}{(2n)!} - (\sin 1) \cdot \dfrac{(-1)^n}{(2n+1)!}$　　　③ $(\sin 1) \cdot \dfrac{(-1)^n}{(2n-1)!} + (\cos 1) \cdot \dfrac{(-1)^n}{(2n)!}$

④ $(\sin 1) \cdot \dfrac{(-1)^n}{(2n-1)!} - (\cos 1) \cdot \dfrac{(-1)^n}{(2n)!}$　　　⑤ $(\cos 1) \cdot \dfrac{(-1)^n}{(2n)!} - (\sin 1) \cdot \dfrac{(-1)^n}{(2n-1)!}$

(4)　以上を用いると，無限級数

$$\sum_{n=1}^{\infty} \left\{ \boxed{\text{P}} \right\}$$

の和 α は

$$\alpha = \cos \boxed{\text{Q}} - \boxed{\text{R}}$$

である。ここに，α は $\boxed{\text{S}}$ を満たす実数である。ただし，$\boxed{\text{S}}$ には，次の選択肢 ⓪〜⑤ の中から適するものを選びなさい。

⓪ $\alpha < -1$　　　① $-1 < \alpha < -\dfrac{1}{2}$　　　② $-\dfrac{1}{2} < \alpha < 0$

③ $0 < \alpha < \dfrac{1}{2}$　　　④ $\dfrac{1}{2} < \alpha < 1$　　　⑤ $1 < \alpha$

-計算欄 (memo)-

$\boxed{\text{IV}}$ の問題はこれで終わりです。$\boxed{\text{IV}}$ の解答欄 $\boxed{\textbf{T}}$ ～ $\boxed{\textbf{Z}}$ はマークしないでください。

コース 2 の問題はこれですべて終わりです。解答用紙の $\boxed{\text{V}}$ はマークしないでください。

解答用紙の解答コース欄に「コース 2」が正しくマークしてあるか,

もう一度確かめてください。

この問題冊子を持ち帰ることはできません。

第⑥回

（制限時間：80 分）

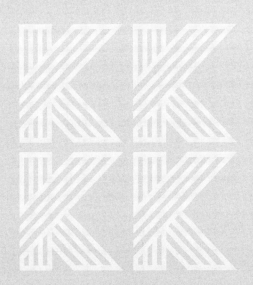

I

問 1　$f(x) = ax^2 + bx + c\ (a,\ b,\ c$は実数$)$ とおく。

曲線 $C : y = f(x)$ は，次の条件 $(※)$ を満たすとする。

$(※)$：C は，3 つの線分

$$x = 1\ (1 \leqq y \leqq 2),$$

$$x = 0\ (0 \leqq y \leqq 1),$$

$$x = -1\ (-2 \leqq y \leqq -1)$$

のすべてと共有点を持つ。

(1)　次の文中の $\boxed{\textbf{A}}$，$\boxed{\textbf{B}}$ には，下の選択肢 ⓪〜⑨ の中から適するものを選びなさい。

$p = f(1),\ q = f(-1)$ とおく。$a,\ b$ を $p,\ q,\ c$ を用いて表すと

$$a = \boxed{\textbf{A}}\ ,\ \ b = \boxed{\textbf{B}}$$

である。

    ⓪ $p+q$　　　① $p-q$　　　② $2p+q$　　　③ $p+2q$　　　④ $\dfrac{p+q}{2}$

    ⑤ $\dfrac{p-q}{2}$　　⑥ $p+q+c$　　⑦ $p+q-c$　　⑧ $\dfrac{p-q}{2}+c$　　⑨ $\dfrac{p+q}{2}-c$

-計算欄 (memo)-

(2)　次の文中の $\boxed{\text{C}}$ には，下の選択肢 ⓪ 〜 ⑦ の中から適するものを選び，他の $\boxed{}$ には適する数を入れなさい。

(1) の p, q および c を用いて $f(2)$ を表すと

$$f(2) = \boxed{\text{C}}$$

であり，C が条件 (※) を満たしながら動くとき，$f(2)$ のとり得る値の範囲は

$$\boxed{\text{DE}} \leqq f(2) \leqq \boxed{\text{F}}$$

である。

⓪ $p + q + c$　　① $p - q - c$　　② $2p + q + c$　　③ $2p + q - c$

④ $3p + q + c$　　⑤ $3p + q - 3c$　　⑥ $\dfrac{p+q}{2} - 3c$　　⑦ $\dfrac{p-q}{2} + 3c$

-計算欄 (memo)-

(3)　次の文中の $\boxed{\text{G}}$，$\boxed{\text{I}}$，$\boxed{\text{J}}$ には，下の選択肢⓪〜⑨の中から適するものを選び，$\boxed{\text{H}}$ には，適する数を入れなさい。

k を 0 以上の定数とする。(2) と同様に，$f(k)$ を p, q, c を用いて表すと

$$f(k) = \boxed{\text{G}}$$

であり，C が条件 (※) を満たしながら動くとき，$f(k)$ の最大値を $M(k)$ とおくと，次のようになる。

(i)　$0 \leqq k \leqq \boxed{\text{H}}$ のとき

$$M(k) = \boxed{\text{I}}$$

である。

(ii)　$\boxed{\text{H}} < k$ のとき

$$M(k) = \boxed{\text{J}}$$

である。

⓪ $\dfrac{k(k-1)}{2}p + \dfrac{k(k+1)}{2}q + (1+k^2)c$　　① $\dfrac{k(k+1)}{2}p + \dfrac{k(k-1)}{2}q + (1+k^2)c$

② $\dfrac{k(k-1)}{2}p + \dfrac{k(k+1)}{2}q + (1-k^2)c$　　③ $\dfrac{k(k+1)}{2}p + \dfrac{k(k-1)}{2}q + (1-k^2)c$

④ $k^2 + 2k + 1$　　　⑤ $-k^2 + 2k + 1$　　　⑥ $-k^2 + 2k + 2$

⑦ $\dfrac{1}{2}k(k+3)$　　　⑧ $-\dfrac{1}{2}k(k-3)$　　　⑨ $\dfrac{1}{2}k(k+1)$

-計算欄 (memo)-

問2　箱の中に，0と書かれたカード，1と書かれたカード，2と書かれたカード，$\cdots$，20と書かれたカードが1枚ずつ，計21枚入っている。そこからカードを1枚取り出すことを，次のルールに従って2回行う。

[ルール]

　1回目に取り出したカードに書かれた数を X とする。X が偶数であればそのカードをもとに戻す。また，X が奇数であればそのカードをもとに戻した上で，それと同じ数字のカードを1枚追加して箱に入れる。

　その後，2回目に取り出したカードに書かれた数を Y とする。

(1)　X が奇数であるとき，Y が奇数となる確率は $\dfrac{\boxed{\text{K}}}{\boxed{\text{L}}}$ である。

(2)　X，Y がともに奇数である確率は $\dfrac{\boxed{\text{M}}}{\boxed{\text{NO}}}$ である。

(3)　Y が奇数であるとき，X が偶数である確率は $\dfrac{\boxed{\text{PQ}}}{\boxed{\text{RS}}}$ である。

(4)　$X+Y$ が偶数であるとき，X が偶数である確率は $\dfrac{\boxed{\text{TUV}}}{\boxed{\text{WXY}}}$ である。

-計算欄 (memo)-

I の問題はこれで終わりです。 I の解答欄 **Z** はマークしないでください。

II

問1　各項が整数である数列 $\{a_n\}$ があり，一般項は

$$a_n = 3^n + 1 \ (n = 1, \ 2, \ 3, \ \cdots)$$

であるとする。

$a_{n+p} - a_n \ (n = 1, \ 2, \ 3, \ \cdots)$ が 10 の倍数となるような最小の自然数 p は

$$p = \boxed{\ \mathbf{A}\ }$$

である。これを用いると，a_n が 10 の倍数となるような n は，ある整数 k を用いて

$$n = \boxed{\ \mathbf{B}\ } k + \boxed{\ \mathbf{C}\ } \ (\text{ただし，} k \geqq \boxed{\ \mathbf{D}\ })$$

と表せて，このとき

$$a_n = \boxed{\ \mathbf{E}\ } \cdot \boxed{\ \mathbf{FG}\ }^k + \boxed{\ \mathbf{H}\ }$$

である。

よって，数列 $\{a_n\}$ の最初の $4m$ 項 (m は自然数) のうち，10 の倍数であるものの総和は $\boxed{\ \mathbf{I}\ }$ である。ただし，$\boxed{\ \mathbf{I}\ }$ には，次の選択肢⓪〜⑧の中から適するものを選びなさい。

⓪ $\dfrac{9}{2}\left(3^m - 1\right) + 1$　　　　① $\dfrac{9}{2}\left(3^m - 1\right) + m$　　　　② $\dfrac{9}{2}\left(3^{m-1} - 1\right) + 1$

③ $\dfrac{9}{2}\left(3^{m-1} - 1\right) + m - 1$　　④ $\dfrac{9}{80}\left(81^m - 1\right) + 1$　　　⑤ $\dfrac{9}{80}\left(81^m - 1\right) + m$

⑥ $\dfrac{9}{80}\left(81^{m-1} - 1\right) + m - 1$　⑦ $\dfrac{729}{80}\left(81^{m-1} - 1\right) + 1$　⑧ $\dfrac{729}{80}\left(81^m - 1\right) + m$

-計算欄 (memo)-

問2　O を原点とする xy 平面上の領域 D :

$$\begin{cases} x^2 + y^2 \leqq 9 \\ x - ay - a + 1 \leqq 0 \ (a \text{は実数}) \end{cases}$$

内を動く点 $\mathrm{P}(x, \ y)$ について,

$$F = x^2 + y^2 - 4x$$

の最大値, 最小値を考えよう。

(1)　直線 $x - ay - a + 1 = 0$ は, a の値によらず, つねに定点 $\left(\boxed{\text{JK}}, \ \boxed{\text{LM}} \right)$ を通る。

(2)　定点 $\mathrm{A} \left(\boxed{\text{N}}, \ \boxed{\text{O}} \right)$ をとると

$$F = \mathrm{AP}^2 - \boxed{\text{P}}$$

である。そこで, 定点 A から動点 P に到る距離について考えよう。

-計算欄 (memo)-

(3)　F の最大値が 21 となるような a のとり得る値の範囲は

$$a \geqq \boxed{\textbf{QR}}$$

である。

(4)　F の最小値は,

$$a \geqq \boxed{\textbf{S}} \text{ のとき,} \boxed{\textbf{TU}} \text{ である。}$$

$$a < \boxed{\textbf{S}} \text{ のとき,} \frac{-\boxed{\textbf{V}}a^2 - \boxed{\textbf{W}}a + \boxed{\textbf{X}}}{a^2 + \boxed{\textbf{Y}}} \text{ である。}$$

-計算欄 (memo)-

Ⅱ の問題はこれで終わりです。Ⅱ の解答欄 **Z** はマークしないでください。

III

右の図は，三角形 ABC を底面とする四面体の展開図である。三角形 ABC の外接円の半径は 1 で，側面となる 3 つの三角形のうち，三角形 ACE と三角形 ABF は正三角形である。

四面体を作ったとき，3 つの点 D，E，F が重なる点を P とし，四面体 PABC の体積を V とする。$\theta = \angle CAB \left(0 < \theta < \dfrac{2}{3}\pi \right)$ とおいて，以下の問に答えよ。

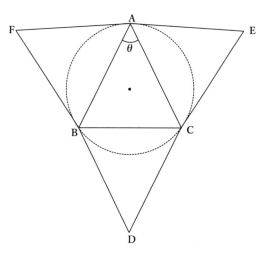

(1)　三角形 ABC の面積を θ を用いて表すと $\boxed{\text{A}}$ である。ただし，$\boxed{\text{A}}$ には，次の選択肢 ⓪〜⑦ の中から適するものを選びなさい。

　　⓪ $\sin\theta$ 　　　　① $\cos\theta$ 　　　　② $\sin\theta\cos\theta$ 　　　③ $(1+\sin\theta)\cos\theta$

　　④ $(1+\cos\theta)\sin\theta$ 　⑤ $(1-\sin\theta)\cos\theta$ 　⑥ $(1-\cos\theta)\sin\theta$ 　⑦ $(1-\sin\theta)\sin\theta$

　　また，正三角形 ACE の 1 辺 AC の長さを θ を用いて表すと

$$\text{AC} = \boxed{\text{B}} \cos\frac{\theta}{\boxed{\text{C}}}$$

である。

-計算欄 (memo)-

(2)　　四面体 PABC において，頂点 P から平面 ABC に垂線 PH を下ろす。母線 PA，PB，PC の長さはすべて等しいから，H は $\boxed{\text{D}}$ である。ただし，$\boxed{\text{D}}$ には，次の選択肢 ⓪〜④ の中から適するものを選びなさい。

⓪ 三角形ABCの重心　　① 三角形ABCの外心　　② 三角形ABCの内心

③ 三角形ABCの垂心　　④ 辺BCの中点

よって，四面体 PABC の高さ PH を θ を用いて表すと

$$\sqrt{\boxed{\text{E}} + \boxed{\text{F}}\cos\theta}$$

である。

-計算欄 (memo)-

(3)　　$t = \cos\theta$ とおくと

$$V = \frac{\boxed{G}}{\boxed{H}} \sqrt{f(t)},$$

$$\text{ただし，} \ f(t) = \left(\boxed{I} + t \right)^{\boxed{J}} \cdot \left(\boxed{KL} \, t^2 + t + \boxed{M} \right)$$

となる。

　また，t のとり得る値の範囲は

$$\frac{\boxed{NO}}{\boxed{P}} < t < \boxed{Q}$$

である。

　以上より，V および $f(t)$ が最大となるときの t の値は

$$t = \frac{\sqrt{\boxed{RS}}}{\boxed{T}}$$

である。また，このとき

$$BC = \frac{\boxed{U} \sqrt{\boxed{VW}}}{\boxed{X}}$$

である。

-計算欄 (memo)-

III の問題はこれで終わりです。 III の解答欄 **Y** ， **Z** はマークしないでください。

IV

連続関数 $f(x)$ と 2 回微分可能な関数 $g(x)$ があり

$$f(x) = x + \int_{-1}^{1} e^{x-t} g''(t) dt \quad \cdots\cdots \quad \text{①}$$

$$g(x) = \int_{0}^{x} (x-t) f(t) dt + \frac{2}{e} \quad \cdots\cdots \quad \text{②}$$

を満たしている。関数 $f(x)$, $g(x)$ を求めよう。

(1)　次の文中の　**A**　,　**B**　には，下の選択肢⓪〜⑥の中から適するものを選びなさい。

　　①より，$a =$　**A**　(aは定数) とおくと

$$f(x) = \boxed{\text{B}}$$

と表せる。

$$\text{⓪} \int_{-1}^{1} g''(t) dt \qquad \text{①} \int_{-1}^{1} e^{-t} g''(t) dt \qquad \text{②} \int_{-1}^{1} e^{x-t} g''(t) dt$$

$$\text{③} \ x \qquad\qquad \text{④} \ x + a \qquad\qquad \text{⑤} \ x + ae^x \qquad\qquad \text{⑥} \ x + ae^{x-t}$$

(2)　②の両辺を x で 2 回微分すると

$$g''(x) = \boxed{\text{C}}$$

となる。ただし，　**C**　には，次の選択肢⓪〜⑨の中から適するものを選びなさい。

$$\text{⓪} \ f(x) \qquad \text{①} \ -f(x) \qquad \text{②} \ f'(x) \qquad \text{③} \ -f'(x)$$

$$\text{④} \ xf(x) + f'(x) \qquad \text{⑤} \ xf(x) - f'(x) \qquad \text{⑥} \ f(x) + xf'(x) \qquad \text{⑦} \ f(x) - xf'(x)$$

$$\text{⑧} \int_{0}^{x} f(t) dt \qquad \text{⑨} \ -\int_{0}^{x} t f(t) dt$$

-計算欄 (memo)-

(3)　(1)，(2) を用いて a を求めると

$$a = \frac{\boxed{\text{D}}}{e}$$

である。よって

$$f(x) = x + \boxed{\text{E}}\, e^{x - \boxed{\text{F}}}$$

である。

(4)　$g'(0) = \boxed{\text{G}}$ であることも用いると

$$g'(x) = \frac{x^{\boxed{\text{H}}}}{\boxed{\text{I}}} + \boxed{\text{J}}\, e^{x - \boxed{\text{K}}} - \frac{\boxed{\text{L}}}{e}$$

である。

また，$g(0) = \dfrac{\boxed{\text{M}}}{e}$ であることも用いると

$$g(x) = \frac{x^{\boxed{\text{N}}}}{\boxed{\text{O}}} + \boxed{\text{P}}\, e^{x - \boxed{\text{Q}}} - \frac{\boxed{\text{R}}}{e}\, x$$

である。

-計算欄 (memo)-

Ⅳ の問題はこれで終わりです。Ⅳ の解答欄 S ～ Z はマークしないでください。

コース2の問題はこれですべて終わりです。解答用紙の Ⅴ はマークしないでください。

解答用紙の解答コース欄に「コース2」が正しくマークしてあるか，

もう一度確かめてください。

この問題冊子を持ち帰ることはできません。

第⑦回

（制限時間：80分）

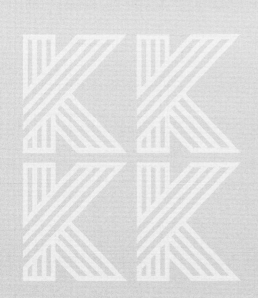

$$\boxed{\text{I}}$$

問1　a は $a > -1$, $a \neq 0$ を満たす実数とする。x の 2 次関数

$$f(x) = -ax^2 + 3ax - 3a^2 + 15 \ (-1 \leqq x \leqq a)$$

の最大値 M, 最小値 m について考えよう。

(1)　$f(x)$ を変形すると

$$f(x) = -a\left(x - \frac{\boxed{\text{A}}}{\boxed{\text{B}}}\right)^2 - 3a^2 + \frac{\boxed{\text{C}}}{\boxed{\text{D}}}a + 15$$

となる。

(2)　$M = -3a^2 + \dfrac{\boxed{\text{C}}}{\boxed{\text{D}}}a + 15$ となるときを考える。

このようになる a の値の範囲は, $a \geqq \dfrac{\boxed{\text{E}}}{\boxed{\text{F}}}$ である。このときの $f(x)$ の最小値を考えると

$$\frac{\boxed{\text{E}}}{\boxed{\text{F}}} \leqq a \leqq \boxed{\text{G}} \ \text{のとき,} \ m = -\boxed{\text{H}}a^2 - \boxed{\text{I}}a + \boxed{\text{JK}},$$

$$\boxed{\text{G}} < a \text{のとき,} \ m = -a^3 + \boxed{\text{LM}}$$

となる。

したがって, $m = 0$ となるような a の値は, $a = \dfrac{\boxed{\text{N}}}{\boxed{\text{O}}}$ である。

-計算欄 (memo)-

問 2　袋の中に 1 から 12 までの数字が書かれた玉が，それぞれ 1 個ずつ，計 12 個入っている。そこから玉を 1 個取り出して元に戻すことを 4 回繰り返すとき，取り出された玉に記された数の最大値を M，最小値を m とする。

(1)　$M \leqq 9$ となる確率は $\dfrac{\boxed{\text{PQ}}}{256}$ である。

　また，$m \geqq 4$ かつ $M \leqq 9$ となる確率は $\dfrac{\boxed{\text{R}}}{\boxed{\text{ST}}}$ である。

(2)　$M = 7,\ 8,\ 9$ となる確率は $\dfrac{\boxed{\text{UV}}}{256}$ である。

　また，$m = 4,\ 5$ かつ $M = 7,\ 8,\ 9$ となる確率は $\dfrac{\boxed{\text{W}}}{108}$ である。

-計算欄 (memo)-

I の問題はこれで終わりです。I の解答欄 **X** ～ **Z** はマークしないでください。

II

問 1　xyz 空間に定点 A(1, 1, 0), B(2, 1, −1), C(1, 3, −2), D(0, 0, 1) がある。D を通りベクトル $\vec{l} = (a,\ b,\ -1)\ (a+b \neq 1)$ と平行な直線を l とし，l と平面 ABC の交点を P として，以下の問に答えよ。

(1)　P が直線 l 上にあることから

$$\overrightarrow{\mathrm{DP}} = k\,\vec{l}\ (k は実数)$$

と表せる。また，P が平面 ABC 上にあることから

$$\overrightarrow{\mathrm{AP}} = s\overrightarrow{\mathrm{AB}} + t\overrightarrow{\mathrm{AC}}\ (s,\ t は実数)$$

と表せる。これらを用いると，$k = \boxed{\ \mathbf{A}\ }$, $s = \boxed{\ \mathbf{B}\ }$, $t = \boxed{\ \mathbf{C}\ }$ となる。ただし，$\boxed{\ \mathbf{A}\ }$, $\boxed{\ \mathbf{B}\ }$, $\boxed{\ \mathbf{C}\ }$ には，次の選択肢 ⓪〜⑦ の中から適するものを選びなさい。

⓪ $\dfrac{1}{a+b-1}$　　① $\dfrac{a}{a+b-1}$　　② $\dfrac{b}{a+b-1}$　　③ $\dfrac{a-1}{a+b-1}$

④ $\dfrac{b-1}{2(a+b-1)}$　　⑤ $\dfrac{1-a}{2(a+b-1)}$　　⑥ $\dfrac{1-b}{a+b-1}$　　⑦ $\dfrac{a+b}{a+b-1}$

(2)　l と xy 平面の交点を Q とする。P が三角形 ABC の内部または周にあるような xy 平面上での Q$(x,\ y)$ の存在範囲は

$$x \leqq \boxed{\ \mathbf{D}\ },\ y \leqq \boxed{\ \mathbf{E}\ },\ \boxed{\ \mathbf{F}\ }x + \boxed{\ \mathbf{G}\ }y \geqq \boxed{\ \mathbf{H}\ }$$

で表される領域である。

-計算欄 (memo)-

(3)　線分 AC の中点を M とする。P が線分 BM 上にあるとき，xy 平面上での (2) の

Q$(x,\ y)$ の存在範囲は

$$x + y = \frac{\boxed{\text{I}}}{\boxed{\text{J}}},\quad \frac{\boxed{\text{K}}}{\boxed{\text{L}}} \leqq x \leqq \boxed{\text{M}}$$

で表される線分である。

-計算欄 (memo)-

問 2　複素数 $\alpha = \cos \dfrac{2\pi}{7} + i \sin \dfrac{2\pi}{7}$ について考える。

(1)　α は，方程式

$$z^{\boxed{\text{N}}} = 1 \quad \cdots\cdots \quad ①$$

の 1 つの解である。ただし，$\boxed{\text{N}}$ には正の整数を答えよ。

また，①を変形すると

$$z = 1, \ \text{または}$$

$$1 + z + z^2 + \cdots + z^{\boxed{\text{O}}} = 0$$

となる。

(2)　k を 0 以上の整数とすると

$$\left(\alpha^k\right)^{\boxed{\text{N}}} = \left(\alpha^{\boxed{\text{N}}}\right)^k = 1^k = 1$$

であり，(1) の方程式①の全ての解は α^k $(k = 0,\ 1,\ 2,\ \cdots,\ \boxed{\text{P}})$ である。

(3)　複素数平面上に，点 $\mathrm{A}_k \left(\alpha^k\right)$ $(k = 1,\ 2,\ \cdots,\ \boxed{\text{P}})$ と点 $\mathrm{Q}(w)$ をとり，線分 QA_k の長さを l_k とする。これらの積を $P = l_1 l_2 l_3 \cdots l_{\boxed{\text{P}}}$ とおくと，$w = 1$ のとき，$P = \boxed{\text{Q}}$ であり，$w = \dfrac{1 + \sqrt{3}i}{2}$ のとき，$P = \boxed{\text{R}}$ である。

(4)　(3) において，$l_1,\ l_2,\ l_3,\ \cdots,\ l_{\boxed{\text{P}}}$ の平方和を $S = \displaystyle\sum_{k=1}^{\boxed{\text{P}}} l_k{}^2$ とおく。S が最小となるときの w の実部，虚部はそれぞれ $\dfrac{\boxed{\text{ST}}}{\boxed{\text{U}}}$，$\boxed{\text{V}}$ であり，S の最小値は $\dfrac{\boxed{\text{WX}}}{\boxed{\text{Y}}}$ である。

-計算欄 (memo)-

II の問題はこれで終わりです。 II の解答欄 **Z** はマークしないでください。

III

$f(x) = (x-1)(x^n - 2^n)$ （nは自然数）とおく。曲線 $y = f(x)$ ($x \geqq 0$) と x 軸，y 軸の 3 つで囲まれる部分の面積を s_n，曲線 $y = f(x)$ ($x \geqq 0$) と x 軸の 2 つで囲まれる部分の面積を t_n とおく。

(1)　方程式 $f(x) = 0$ の 0 以上の実数解は，$x = \boxed{\text{A}}$，$\boxed{\text{B}}$ である。ただし，$\boxed{\text{A}} < \boxed{\text{B}}$ となるように答えなさい。

　　また，$s_1 = \dfrac{\boxed{\text{C}}}{\boxed{\text{D}}}$，$t_1 = \dfrac{\boxed{\text{E}}}{\boxed{\text{F}}}$ である。

(2)

$$s_n = \frac{\boxed{\text{G}}}{n + \boxed{\text{H}}} - \frac{\boxed{\text{I}}}{n + \boxed{\text{J}}} + \frac{\boxed{\text{K}}}{\boxed{\text{L}}} \cdot \boxed{\text{M}}^n$$

である。また

$$s_n + t_n = \frac{\boxed{\text{N}}^{\,n + \boxed{\text{O}}} - \boxed{\text{P}}}{n + \boxed{\text{Q}}} - \frac{\boxed{\text{N}}^{\,n + \boxed{\text{R}}} - \boxed{\text{P}}}{n + \boxed{\text{S}}} + \boxed{\text{N}}^{\,n}$$

である。そして

$$\sum_{k=1}^{n}(s_n + t_n) = \boxed{\text{N}}^{\,n + \boxed{\text{T}}} - \frac{\boxed{\text{N}}^{\,n + \boxed{\text{U}}} - 2}{n + \boxed{\text{V}}} - \boxed{\text{W}}$$

である。

(3)　$\displaystyle \lim_{n \to \infty} \frac{1}{\boxed{\text{X}}} \sum_{k=1}^{n}(s_n + t_n)$ は，0 以外の定数に収束する。ただし，$\boxed{\text{X}}$ には，次の選択肢 ⓪〜⑥ の中から適するものを選びなさい。

　　　⓪ n　　① $\dfrac{1}{n}$　　② 2^n　　③ $\dfrac{1}{2^n}$　　④ $n \cdot 2^n$　　⑤ $\dfrac{2^n}{n}$　　⑥ $\dfrac{n}{2^n}$

　　また，そのときの極限値は $\boxed{\text{Y}}$ である。

-計算欄 (memo)-

III の問題はこれで終わりです。 III の解答欄 **Z** はマークしないでください。

IV

関数 $f(x) = \log\left(x + \sqrt{x^2 + 1}\right)$ $(x \geqq 0)$ について考える。$f(1) = \log(\sqrt{2} + 1)$ を α とおいて，以下の問に答えよ。

(1)　$f'(x) = \boxed{\textbf{A}}$ である。ただし，$\boxed{\textbf{A}}$ には，次の選択肢⓪〜⑦の中から適するものを選びなさい。

⓪ $\sqrt{x^2 + 1}$　　　① $\dfrac{1}{\sqrt{x^2 + 1}}$　　　② $x\sqrt{x^2 + 1}$　　　③ $\dfrac{x}{\sqrt{x^2 + 1}}$

④ $x + \sqrt{x^2 + 1}$　　　⑤ $\dfrac{1}{x + \sqrt{x^2 + 1}}$　　　⑥ $x - \sqrt{x^2 + 1}$　　　⑦ $\dfrac{1}{x - \sqrt{x^2 + 1}}$

-計算欄 (memo)-

(2)　部分積分法を用いると

$$\int_0^1 \{f(x)\}^2 dx = \alpha^2 - \boxed{\text{B}} \int_0^1 f(x) \cdot \frac{x}{\sqrt{x^2+1}} dx$$

$$= \alpha^2 - \boxed{\text{C}} \sqrt{\boxed{\text{D}}} \alpha + \boxed{\text{E}}$$

である。また,

$$\int_0^1 x f(x) dx = \frac{\alpha}{\boxed{\text{F}}} - \frac{\boxed{\text{G}}}{\boxed{\text{H}}} \int_0^1 \frac{x^2}{\sqrt{x^2+1}} dx$$

である。ここで, $I = \displaystyle\int_0^1 \frac{x^2}{\sqrt{x^2+1}} dx$ とおくと

$$I = \int_0^1 \frac{x^2+1-1}{\sqrt{x^2+1}} dx$$

$$= \int_0^1 \left(\sqrt{x^2+1} - \frac{1}{\sqrt{x^2+1}} \right) dx$$

$$= \sqrt{\boxed{\text{I}}} - I - \alpha$$

であるから, $I = \dfrac{\sqrt{\boxed{\text{I}}} - \alpha}{\boxed{\text{J}}}$ である。よって

$$\int_0^1 x f(x) dx = \frac{\boxed{\text{K}} \alpha - \sqrt{\boxed{\text{L}}}}{\boxed{\text{M}}}$$

である。

-計算欄 (memo)-

(3)　xyz 空間において，xy 平面上の直線 $l : y = x$ と曲線 $C : y = f(x)$ が直線 $x = t\ (0 \leqq t \leqq 1)$ と交わる点をそれぞれ P，Q とする。P を通り x 軸と垂直な平面上に，P を中心として Q を通る円板 K を作る ($t = 0$ のとき，K は原点 O とする)。t が $0 \leqq t \leqq 1$ の範囲で動くときに K が通過してできる立体の体積は

$$\alpha^2 - \left(\frac{\boxed{\text{N}}}{\boxed{\text{O}}} + \boxed{\text{P}} \sqrt{\boxed{\text{Q}}} \right) \alpha + \frac{\boxed{\text{R}}}{\boxed{\text{S}}} + \sqrt{\frac{\boxed{\text{T}}}{\boxed{\text{U}}}}$$

である。

-計算欄 (memo)-

IV の問題はこれで終わりです。 IV の解答欄 **V** ～ **Z** はマークしないでください。

コース 2 の問題はこれですべて終わりです。解答用紙の V はマークしないでください。

解答用紙の解答コース欄に「コース 2」が正しくマークしてあるか,

もう一度確かめてください。

この問題冊子を持ち帰ることはできません。

第 ⑧ 回

（制限時間：80 分）

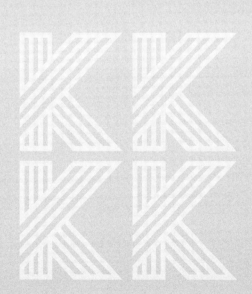

$\boxed{\text{I}}$

問1　x の 2 次関数 $f(x) = x^2 + ax + b$ $(a,\ b$ は実数$)$ について考える。$y = f(x)$ のグラフ C が点 $(1,\ 4)$ を通るとき，$a + b = \boxed{\text{A}}$ が成り立つ。この条件のもとで，以下の問に答えよ。

(1)　放物線 C の頂点の座標は $\left(-\dfrac{a}{\boxed{\text{B}}},\ -\dfrac{a^2}{\boxed{\text{C}}} - a + \boxed{\text{D}} \right)$ である。

(2)　C が x 軸と共有点を持つような a の値の範囲は，$a \leqq \boxed{\text{EF}}$，$\boxed{\text{G}} \leqq a$ である。

(3)　$a = \boxed{\text{EF}}$ のとき，C と x 軸の共有点の x 座標は $\boxed{\text{H}}$ である。

(4)　$a < \boxed{\text{EF}}$ のときを考える。不等式 $f(x) \leqq 0$ が 2 個以上の整数の解をもつような a のとり得る値の範囲は，$a \leqq \dfrac{\boxed{\text{IJK}}}{\boxed{\text{L}}}$ である。

-計算欄 (memo)-

問 2　箱の中に 1 から 13 までの数字が書かれたカードが，それぞれ 1 枚ずつ，計 13 枚入っており，数字が 1 から 9 までのカードには白，10 から 13 までのカードには赤の色が塗られている。この箱から 4 枚のカードを同時に取り出すときの取り出し方全体の集合 U の部分集合として，次のものを考える。

A_1：取り出したカード全てが白である取り出し方

A_2：取り出したカードには，白と赤が両方含まれる取り出し方

A_3：取り出したカード全てが赤である取り出し方

B_1：取り出したカードに書かれた数字の積が偶数である取り出し方

B_2：取り出したカードに書かれた数字の積が奇数である取り出し方

これらの集合の要素の個数について，以下の問に答えよ。

(1)　$n(U) = \boxed{\text{MNO}}$，$n(A_1) = \boxed{\text{PQR}}$，$n(B_1) = \boxed{\text{STU}}$ である。

(2)　$n(\boxed{\text{V}}) = 0$ である。ただし，$\boxed{\text{V}}$ には，次の選択肢 ⓪〜⑤ の中から適するものを選びなさい。

⓪ $A_1 \cap B_1$　　① $A_1 \cap B_2$　　② $A_2 \cap B_1$

③ $A_2 \cap B_2$　　④ $A_3 \cap B_1$　　⑤ $A_3 \cap B_2$

(3)　$n(A_1 \cap B_2) = \boxed{\text{W}}$，$n(A_2 \cap B_1) = \boxed{\text{XYZ}}$ である。

-計算欄 (memo)-

I の問題はこれで終わりです。

II

問 1　数列 $\{a_n\}$，$\{b_n\}$ の一般項が

$$a_n = \frac{1}{2}\left\{\left(2+\sqrt{5}\right)^n + \left(2-\sqrt{5}\right)^n\right\}$$
$$b_n = \frac{1}{2\sqrt{5}}\left\{\left(2+\sqrt{5}\right)^n - \left(2-\sqrt{5}\right)^n\right\}$$

で与えられている。

(1)　数列 $\{a_n\}$，$\{b_n\}$ の初項は，それぞれ

$$a_1 = \boxed{\mathbf{A}}, \quad b_1 = \boxed{\mathbf{B}} \quad \cdots\cdots \quad ①$$

である。

-計算欄 (memo)-

(2)　任意の自然数 n に対して $a_n + b_n\sqrt{5} = \left(\boxed{\text{C}} + \sqrt{\boxed{\text{D}}} \right)^n$ が成り立つ。これを用いると

$$a_{n+1} + b_{n+1}\sqrt{5} = \left(\boxed{\text{E}}\, a_n + \boxed{\text{F}}\, b_n \right) + \left(a_n + \boxed{\text{G}}\, b_n \right)\sqrt{5}$$

が成り立つ。同様にして

$$a_{n+1} - b_{n+1}\sqrt{5} = \left(\boxed{\text{E}}\, a_n + \boxed{\text{F}}\, b_n \right) - \left(a_n + \boxed{\text{G}}\, b_n \right)\sqrt{5}$$

も成り立つから，数列 $\{a_n\}$ ，$\{b_n\}$ は，①と漸化式

$$\begin{cases} a_{n+1} = \boxed{\text{E}}\, a_n + \boxed{\text{F}}\, b_n \\ b_{n+1} = a_n + \boxed{\text{G}}\, b_n \end{cases} \quad (n = 1,\ 2,\ 3,\ \cdots) \quad \cdots\cdots \quad ②$$

によって帰納的に定義することができる。

(3)　①，②により，数列 $\{a_n\}$ ，$\{b_n\}$ の各項は自然数であることがわかる。そこで，a_n を 5 で割った余り r_n を考えよう。②の第 1 式により，a_{n+1} と $\boxed{\text{H}}\, a_n$ は 5 で割った余りが等しいことがわかる。これを用いると

$$r_{n+\boxed{\text{I}}} = r_n$$

がすべての自然数 n に対して成り立つことがわかる。ただし，$\boxed{\text{H}}$ ，$\boxed{\text{I}}$ には，当てはまる自然数のうちもっとも小さいものを答えよ。

以上より，$\displaystyle\sum_{k=1}^{100} r_k = \boxed{\text{JKL}}$ である。

-計算欄 (memo)-

問 2　複素数平面上に三角形 ABC があり，BC，CA，AB を斜辺とする直角二等辺三角形 BCP，CAQ，ABR を右図のように三角形 ABC の外側に作る。各点に対応する複素数を，A(a)，B(b)，C(c)，P(p)，Q(q)，R(r) として，以下の問に答えよ。

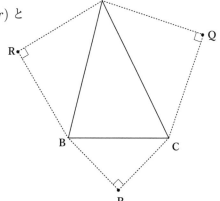

(1)　p を b，c を用いて表すと

$$p = \frac{\boxed{\text{M}} + i}{\boxed{\text{N}}}b + \frac{\boxed{\text{O}} - i}{\boxed{\text{P}}}c$$

となる。$\alpha = \dfrac{\boxed{\text{M}} + i}{\boxed{\text{N}}}$ とおくと

$$q = \boxed{\text{Q}}, \quad r = \boxed{\text{R}}$$

が成り立つ。ただし，$\boxed{\text{Q}}$，$\boxed{\text{R}}$ には，次の選択肢⓪〜⑨の中から適するものを選びなさい。

⓪ $\alpha c + \alpha a$　　① $\overline{\alpha} c + \alpha a$　　② $\alpha c + \overline{\alpha} a$　　③ $\alpha^2 c + \alpha a$　　④ $\alpha c + \alpha^2 a$

⑤ $\alpha a + \alpha b$　　⑥ $\overline{\alpha} a + \alpha b$　　⑦ $\alpha a + \overline{\alpha} b$　　⑧ $\alpha^2 a + \alpha b$　　⑨ $\alpha a + \alpha^2 b$

-計算欄 (memo)-

(2)　(1) より

$$\frac{r-q}{p-a} = \boxed{\text{S}}$$

である。ただし，$\boxed{\text{S}}$ には，次の選択肢 ⓪〜⑨ の中から適するものを選びなさい。

⓪ 1　　　① -1　　② i　　　③ $-i$　　④ α

⑤ $-\alpha$　　⑥ $\overline{\alpha}$　　　⑦ $-\overline{\alpha}$　　⑧ α^2　　　⑨ $-\alpha^2$

(3)　$AB = 3$, $BC = 2$, $\cos \angle ABC = \dfrac{1}{3}$ のとき，四角形 ARPQ の面積は

$$\frac{\boxed{\text{T}}}{\boxed{\text{U}}} + \boxed{\text{V}} \sqrt{\boxed{\text{W}}}$$

である。

-計算欄 (memo)-

Ⅱ の問題はこれで終わりです。Ⅱ の解答欄 X ～ Z はマークしないでください。

III

放物線 $C : y = x^2$ 上の 2 点 $\mathrm{P}(p,\ p^2)$, $\mathrm{Q}(q,\ q^2)$ $(p < q)$ における接線をそれぞれ l_1, l_2 とする。また，l_1, l_2 の交点を R として，以下の問に答えよ。

(1) l_1 の方程式，R の座標は，それぞれ

$$l_1 : y = \boxed{\text{A}}\ px - p^2, \quad \mathrm{R}\left(\dfrac{p+q}{\boxed{\text{B}}},\ pq\right)$$

である。

また，C および l_1, l_2 で囲まれる部分の面積 s は，$s = \dfrac{\boxed{\text{C}}}{\boxed{\text{DE}}}(q - p)^{\boxed{\text{F}}}$ である。

(2) $p \neq 0$, $q \neq 0$, $p + q \neq 0$ とする。

P, Q における C の法線をそれぞれ m_1, m_2 とすると，m_1 の方程式，m_1, m_2 の交点 S の座標は，それぞれ

$$m_1 : y = \dfrac{\boxed{\text{GH}}}{\boxed{\text{I}}\ p}x + p^2 + \dfrac{\boxed{\text{J}}}{\boxed{\text{K}}}$$

$$\mathrm{S}\left(\boxed{\text{LM}}\ pq(p+q),\ p^2 + pq + q^2 + \dfrac{1}{\boxed{\text{N}}}\right)$$

である。

$l_1 \perp l_2$ のとき，$pq = \dfrac{\boxed{\text{OP}}}{\boxed{\text{Q}}}$ が成り立ち，

$$\mathrm{RS} = q^2 + \dfrac{\boxed{\text{R}}}{\boxed{\text{ST}}\ q^2} + \dfrac{\boxed{\text{U}}}{\boxed{\text{V}}}$$

となる。

また，このとき 2 直線 PQ, RS の交点を T とすると，三角形 PST の面積と (1) の s の比は $\boxed{\text{W}} : \boxed{\text{X}}$ である。

-計算欄 (memo)-

Ⅳ

xy 平面上で，動点 P の座標 $(x,\ y)$ が時刻 $t\ (0 < t < \pi)$ の関数として

$$\begin{cases} x = 4t - 2\sin(2t) \\ y = 2 - 2\cos(2t) \end{cases}$$

で与えられている。

(1)　$x,\ y$ を時刻 t で微分すると

$$\frac{dx}{dt} = \boxed{\text{A}} - \boxed{\text{B}} \cos(2t)$$
$$\frac{dy}{dt} = \boxed{\text{C}} \sin(2t)$$

となる。これを用いると，時刻 t における点 P の速度ベクトル $\vec{v}$ の大きさは $\boxed{\text{D}}\sin t$ であり，$\vec{v}$ はベクトル $\boxed{\text{E}}$ と同じ向きに平行である。ただし，$\boxed{\text{E}}$ には，次の選択肢 ⓪〜⑦ の中から適するものを選びなさい。

⓪ $(\cos t,\ \sin t)$　　① $(\sin t,\ \cos t)$　　② $(-\cos t,\ \sin t)$　　③ $(\sin t,\ -\cos 2t)$

④ $(\cos 2t,\ \sin 2t)$　　⑤ $(\sin 2t,\ \cos 2t)$　　⑥ $(-\cos 2t,\ \sin 2t)$　　⑦ $(\sin 2t,\ -\cos 2t)$

(2)　ベクトル $\boxed{\text{E}}$ と垂直で大きさが 4 であるベクトル $\vec{l}$ を考える。ただし，$\vec{l}$ の y 成分は負であるとする。$\overrightarrow{\text{PQ}} = \vec{l}$ によって点 Q を定めると，時刻 t における Q の速さは

$V = \left| \boxed{\text{F}} \sin t - \boxed{\text{G}} \right|$ である。

$V = 0$ となる時刻 t の値は $\dfrac{\pi}{\boxed{\text{H}}}$，$\dfrac{\boxed{\text{I}}}{\boxed{\text{J}}}\pi$ である。

時刻 t が $\dfrac{\pi}{\boxed{\text{H}}} \leqq t \leqq \dfrac{\boxed{\text{I}}}{\boxed{\text{J}}}\pi$ の範囲で変化するときに Q が動く道のりは

$\boxed{\text{K}}\sqrt{\boxed{\text{L}}} - \dfrac{\boxed{\text{M}}}{\boxed{\text{N}}}\pi$ である。

-計算欄 (memo)-

Ⅳ の問題はこれで終わりです。Ⅳ の解答欄 **O** ～ **Z** はマークしないでください。

コース 2 の問題はこれですべて終わりです。解答用紙の Ⅴ はマークしないでください。

解答用紙の解答コース欄に「コース 2」が正しくマークしてあるか,

もう一度確かめてください。

この問題冊子を持ち帰ることはできません。

第⑨回

（制限時間：80分）

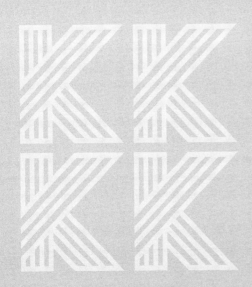

I

問1　xy 平面上で，2 次関数 $y = ax^2 + bx + c$ のグラフ C が右図のようになっているとき，以下の問に答えよ。

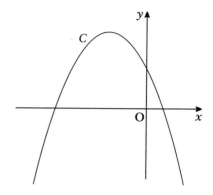

a, b, c の符号は $\boxed{\text{A}}$ となっている。ただし，$\boxed{\text{A}}$ には，次の選択肢⓪～⑦の中から適するものを選びなさい。

⓪ $a > 0,\ b > 0,\ c > 0$　　① $a > 0,\ b > 0,\ c < 0$　　② $a > 0,\ b < 0,\ c > 0$

③ $a > 0,\ b < 0,\ c < 0$　　④ $a < 0,\ b > 0,\ c > 0$　　⑤ $a < 0,\ b > 0,\ c < 0$

⑥ $a < 0,\ b < 0,\ c > 0$　　⑦ $a < 0,\ b < 0,\ c < 0$

a, b, c の間に関係式

$$b = 3a + 3, \quad c = 1 - \frac{a^2}{4} \quad \cdots\cdots \quad ①$$

が成り立つとする。a, b, c の符号が上記のようになるとき，a のとり得る値の範囲は，$\boxed{\text{BC}} < a < \boxed{\text{DE}}$ である。

-計算欄 (memo)-

C を原点 O に関して対称移動した放物線を D とすると，D の方程式は $y = \boxed{\text{F}}$ である。ただし，$\boxed{\text{F}}$ には，次の選択肢⓪〜⑦の中から適するものを選びなさい。

⓪ $ax^2 + bx + c$　　　① $ax^2 + bx - c$　　　② $ax^2 - bx + c$　　　③ $ax^2 - bx - c$

④ $-ax^2 + bx + c$　　⑤ $-ax^2 + bx - c$　　⑥ $-ax^2 - bx + c$　　⑦ $-ax^2 - bx - c$

D を x 軸方向に $-\dfrac{1}{2}$，y 軸方向に $\dfrac{3}{4}$ だけ平行移動して得られる曲線を $E : y = a'x^2 + b'x + c'$ とする。①のとき，a と a'，b と b'，c と c' が全て異符号となるような a の値の範囲は

$$\frac{\boxed{\text{GH}}}{\boxed{\text{I}}} < a < \frac{\sqrt{\boxed{\text{J}}} - \boxed{\text{K}}}{\boxed{\text{L}}}$$

である。

-計算欄 (memo)-

問2　1つのサイコロを 5 回投げ，第 k 回 ($k = 1$, 2, 3, 4, 5) に出た目に対して，d_k を次のように定める。

$$出た目が 1,\ 2,\ 3 なら d_k = 0,$$

$$出た目が 4,\ 5 なら d_k = 1,$$

$$出た目が 6 なら d_k = 2$$

こうして得られた d_k ($k = 1$, 2, 3, 4, 5) を用いて，3 進小数 S を

$$S = d_1 d_2 d_3 d_4 d_{5\,(3)}$$

$$= \frac{d_1}{3} + \frac{d_2}{3^2} + \frac{d_3}{3^3} + \frac{d_4}{3^4} + \frac{d_5}{3^5}$$

と定める。

(1)　S が正となる確率は $\dfrac{\boxed{\text{MN}}}{\boxed{\text{OP}}}$ である。

また，$S < 0.01_{(3)}$ となる確率は $\dfrac{\boxed{\text{Q}}}{\boxed{\text{R}}}$ である。

(2)　$S \geqq 0.0002_{(3)}$ となる確率は $\dfrac{\boxed{\text{ST}}}{\boxed{\text{UV}}}$ である。

(3)　$0.0002_{(3)} \leqq S < 0.01_{(3)}$ であるとき，整数 $3^5 S$ が 9 の倍数である確率は $\dfrac{\boxed{\text{W}}}{\boxed{\text{XY}}}$ である。

-計算欄 (memo)-

Ⅰの問題はこれで終わりです。Ⅰの解答欄 **Z** はマークしないでください。

II

問1　平面上に，1辺の長さが2である正三角形 OAB がある。動点 P, Q と実数変数 x, y の間に

$$\overrightarrow{\text{OP}} = \overrightarrow{\text{OB}} + x\overrightarrow{\text{OA}}, \quad \overrightarrow{\text{OQ}} = \overrightarrow{\text{OA}} + y\overrightarrow{\text{OB}}$$

が成り立っている。

(1)　$\overrightarrow{\text{OA}} \cdot \overrightarrow{\text{OB}} = \boxed{\text{A}}$ である。

　　これを用いると

$$\left| \overrightarrow{\text{OP}} \right| = \boxed{\text{B}} \sqrt{x^2 + x + \boxed{\text{C}}}$$

$$\left| \overrightarrow{\text{OQ}} \right| = \boxed{\text{B}} \sqrt{y^2 + y + \boxed{\text{C}}}$$

$$\overrightarrow{\text{OP}} \cdot \overrightarrow{\text{OQ}} = \boxed{\text{D}} \, xy + \boxed{\text{E}} \, x + \boxed{\text{F}} \, y + \boxed{\text{G}}$$

となる。

-計算欄 (memo)-

(2)　次の文中の $\boxed{\text{L}}$ には，下の選択肢⓪〜⑧の中から適するものを選び，他の $\boxed{}$ には適する数を入れなさい。

OP=OQ かつ $x \neq y$ のときを考える。このとき

$$x + y = \boxed{\text{HI}}$$

が成り立つ。$v = xy$ とおくと，三角形 OPQ の面積 S は

$$S = \sqrt{\boxed{\text{J}}}\ \left| v - \boxed{\text{K}} \right|$$

となり，S のとり得る値の範囲は $\boxed{\text{L}}$ である。

⓪ $S > 0$　　　　　　① $0 < S < \dfrac{2}{3}\sqrt{\boxed{\text{J}}}$　　　② $0 < S \leqq \dfrac{2}{3}\sqrt{\boxed{\text{J}}}$

③ $S > \dfrac{2}{3}\sqrt{\boxed{\text{J}}}$　　④ $S \geqq \dfrac{2}{3}\sqrt{\boxed{\text{J}}}$　　⑤ $0 < S < \dfrac{3}{4}\sqrt{\boxed{\text{J}}}$

⑥ $0 < S \leqq \dfrac{3}{4}\sqrt{\boxed{\text{J}}}$　　⑦ $S > \dfrac{3}{4}\sqrt{\boxed{\text{J}}}$　　　⑧ $S \geqq \dfrac{3}{4}\sqrt{\boxed{\text{J}}}$

-計算欄 (memo)-

問 2　曲線 $C : y = \dfrac{1}{x}$ と直線 $l : y = a - x$ (a は実数) が，異なる 2 つの交点 P，Q で交わるときを考える。ただし，P の x 座標は，Q の x 座標より小さいとする。線分 PQ を 2 : 1 内分する点を R として，以下の問に答えよ。

(1)　C，l が異なる 2 点で交わるような a の範囲は，

$$a < -\boxed{\text{M}}, \quad \boxed{\text{N}} < a \quad \cdots\cdots \quad \text{①}$$

である。

(2)　①のとき，P，Q の x 座標は

$$\frac{a \pm \sqrt{a^2 - \boxed{\text{O}}}}{\boxed{\text{P}}}$$

である。

-計算欄 (memo)-

(3)　R$(x,\ y)$ とおくと

$$x = \frac{a}{\boxed{\textbf{Q}}} + \frac{\sqrt{a^2 - \boxed{\textbf{O}}}}{\boxed{\textbf{R}}}$$

である。これと，R が l 上の点であることを用いると，R の軌跡は

$$\boxed{\textbf{S}}\,x^2 - \boxed{\textbf{T}}\,xy + \boxed{\textbf{U}}\,y^2 = -1,\ \ x - y > \boxed{\textbf{V}} \quad \cdots\cdots \quad ②$$

と求まる。

(4)　②を満たす点 R$(x,\ y)$ を，原点を中心として $-\dfrac{\pi}{4}$ だけ回転した点を S$(X,\ Y)$ とする。複素数平面を用いると

$$x = \frac{X - Y}{\sqrt{\boxed{\textbf{W}}}}, \ \ y = \frac{X + Y}{\sqrt{\boxed{\textbf{W}}}}$$

が成り立つ。これと ②より，点 S$(X,\ Y)$ の軌跡は

$$X^2 - \boxed{\textbf{X}}\,Y^2 = \boxed{\textbf{Y}},\ \ Y < \boxed{\textbf{Z}}$$

である。

-計算欄 (memo)-

Ⅱ の問題はこれで終わりです。

III

a は実数，b は正の数とする。

xy 平面上の 2 曲線 $C_1 : y = -e^{-x} + a$，$C_2 : y = b \log x$ のどちらにも接する「共通接線」について考えよう。

(1)　$x = s$ における C_1 の接線と，$x = t\ (t > 0)$ における C_2 の接線が一致するための条件は，$\boxed{\text{A}}$ かつ $\boxed{\text{B}}$ である。ただし，$\boxed{\text{A}}$，$\boxed{\text{B}}$ には，次の選択肢⓪～⑥の中から適するものを，$\boxed{\text{A}}$ の番号 $<\boxed{\text{B}}$ の番号となるように選びなさい。

⓪　$t = be^s$ 　　　　　① $t = be^{-s}$ 　　　　　② $t = -be^s$

③　$(s+1)e^s + a = b(\log t + 1).$ 　　④ $(s+1)e^{-s} + a = b(\log t - 1)$

⑤　$(s-1)e^s + a = b(\log t + 1).$ 　　⑥ $(-s-1)e^{-s} + a = b(\log t - 1)$

$\boxed{\text{A}}$ を $\boxed{\text{B}}$ へ代入して整理すると

$$\boxed{\text{C}} = a \quad \cdots\cdots \quad ①$$

となる。ただし，$\boxed{\text{C}}$ には，次の選択肢⓪～③の中から適するものを選びなさい。

⓪　$(s+1)e^s + b\,(s + \log b - 1)$ 　　① $(s-1)e^s + b\,(s - \log b - 1)$

②　$(s+1)e^{-s} + b\,(s + \log b - 1)$ 　　③ $(s-1)e^{-s} + b\,(s - \log b - 1)$

-計算欄 (memo)-

(2)　以下，①の左辺を $f(s)$ とおく。$\lim_{s \to \infty} \dfrac{s}{e^s} = 0$ であることを用いると $\lim_{s \to \infty} f(s) = \boxed{\text{D}}$ である。また，$\lim_{s \to -\infty} f(s) = \boxed{\text{E}}$ である。ただし，$\boxed{\text{D}}$，$\boxed{\text{E}}$ には，次の選択肢⓪〜④の中から適するものを選びなさい。

$$\text{⓪ } 0 \quad \text{① } 1 \quad \text{② } -1 \quad \text{③ } \infty \quad \text{④ } -\infty$$

また

$$f'(s) = b - g(s), \quad \text{ただし，} \quad g(s) = \boxed{\text{F}}$$

である。$\boxed{\text{F}}$ には，次の選択肢⓪〜③の中から適するものを選びなさい。

$$\text{⓪ } -(s+2)e^s \quad \text{① } -se^s \quad \text{② } se^{-s} \quad \text{③ } (s-2)e^{-s}$$

そこで，関数 $y = g(s)$ のグラフを描き，①を満たす s について考えると，2 曲線 C_1，C_2 の共通接線の本数を N として

$b \geqq \dfrac{\boxed{\text{G}}}{e}$ のとき，a の値によらず $N = \boxed{\text{H}}$ である。

$0 < b < \dfrac{\boxed{\text{G}}}{e}$ のとき，a の値に応じて N は $\boxed{\text{I}}$，$\boxed{\text{J}}$，$\boxed{\text{K}}$ のいずれかの値をとる。

ただし，$\boxed{\text{I}}$，$\boxed{\text{J}}$，$\boxed{\text{K}}$ は値が小さいものから順に答えよ。

-計算欄 (memo)-

$$\boxed{\text{IV}}$$

次の問に答えよ。

(1) 定積分 $I_n = \displaystyle\int_0^{\frac{\pi}{4}} \tan^n x\,dx\ (n = 0,\ 1,\ 2,\ \cdots)$ について考える (ただし，$\tan^0 x = 1$ とする)。

$I_0 = \dfrac{\pi}{\boxed{\text{A}}}$ である。また，$1 + \tan^2 x = \dfrac{1}{\cos^2 x}$ を用いると

$$I_{n+2} = \dfrac{\boxed{\text{B}}}{n + \boxed{\text{C}}} - I_n\ (n = 0,\ 1,\ 2,\ \cdots)$$

が成り立つ。

-計算欄 (memo)-

(2)　関数 $f_n(x) = \dfrac{\tan^n x}{\cos^2 x} \left(0 \leqq x \leqq \dfrac{\pi}{4}\right)$ を考え，曲線 $C : y = f_n(x)$ と y 軸，および直線 $y = 2$

で囲まれる部分を y 軸のまわりに 1 回転してできる立体の体積を V_n とする。

　　$f_n(x)$ は $0 \leqq x \leqq \dfrac{\pi}{4}$ で単調に増加するから，$y = f_n(x)$ とおいて

$$V_n = \int_0^{\boxed{\textbf{D}}} \pi x^2 dy$$

となる。置換積分法により

$$V_n = \int_0^{\alpha} \pi x^2 \cdot f_n{}'(x) dx \quad \left(\text{ただし，}\ \alpha = \dfrac{\pi}{\boxed{\textbf{E}}}\right)$$

となり，部分積分法を用いて計算すると

$$V_n = \dfrac{\pi^3}{\boxed{\textbf{F}}} - \dfrac{\pi^2}{\boxed{\textbf{G}}} \cdot \dfrac{1}{n + \boxed{\textbf{H}}} + \dfrac{\boxed{\textbf{I}}\,\pi}{n + \boxed{\textbf{J}}} I_{n + \boxed{\textbf{K}}}$$

となる。

これと (1) の結果を用いると

$$V_3 = \dfrac{\pi^3}{\boxed{\textbf{L}}} - \dfrac{\pi}{\boxed{\textbf{M}}}$$

となる。

-計算欄 (memo)-

IV の問題はこれで終わりです。IV の解答欄 **N** ～ **Z** はマークしないでください。

コース 2 の問題はこれですべて終わりです。解答用紙の V はマークしないでください。

解答用紙の解答コース欄に「コース 2」が正しくマークしてあるか，

もう一度確かめてください。

この問題冊子を持ち帰ることはできません。

205

第 ⑩ 回

（制限時間：80 分）

I

問 1　2 次関数 $f(x) = ax^2 + bx + c$ $(a,\ b,\ c$ は実数$)$ の $-1 \leqq x \leqq 1$ における $f(x)$ の最大値を M，最小値を m とする。$a,\ b,\ c$ に関する条件

$$(*) : M = 1,\ m = -1$$

が成り立つとき，以下の問に答えよ。

(1)　$a = 1$ のときを考える。

このとき放物線 $y = f(x)$ の頂点の座標は $\left(-\dfrac{b}{\boxed{A}},\ c - \dfrac{b^2}{\boxed{B}} \right)$ である。

$\left| -\dfrac{b}{\boxed{A}} \right| > 1$，つまり $|b| > \boxed{A}$ のとき

$$|f(1) - f(-1)| = \boxed{C}\,|b|\ \boxed{D}\ M - m(= 2)$$

が成り立つ。ただし，$\boxed{D}$ には，次の選択肢 ⓪〜② の等号・不等号の中から適するものを選びなさい。

[等号・不等号の選択肢]：　⓪ $=$　　① $>$　　② $<$

これをもとに考えると，$(*)$ を満たす組 $(b,\ c)$ は $\boxed{E}$，$\boxed{F}$ であることがわかる。ただし，$\boxed{E}$，$\boxed{F}$ には，次の選択肢 ⓪〜⑦ の中から適するものを，$\boxed{E}$ の番号 $<$ $\boxed{F}$ の番号となるように選びなさい。

⓪ $(1 + 2\sqrt{3},\ 1 + 2\sqrt{3})$　　① $(1 - 2\sqrt{3},\ 1 - 2\sqrt{3})$　　② $(-1 + 2\sqrt{3},\ 1 - 2\sqrt{3})$

③ $(-1 - 2\sqrt{3},\ 1 + 2\sqrt{3})$　　④ $(2 + 2\sqrt{2},\ 2 + 2\sqrt{2})$　　⑤ $(2 - 2\sqrt{2},\ 2 - 2\sqrt{2})$

⑥ $(-2 + 2\sqrt{2},\ 2 - 2\sqrt{2})$　　⑦ $(-2 - 2\sqrt{2},\ 2 + 2\sqrt{2})$

-計算欄 (memo)-

(2)　$a = \dfrac{1}{4}$ のときを考える。

このとき放物線 $y = f(x)$ の頂点の座標は $\left(-\boxed{\text{ G }}b,\ c - b^2\right)$ である。

$\left|-\boxed{\text{ G }}b\right| \leqq 1$,　つまり　$|b| \leqq \dfrac{1}{\boxed{\text{ G }}}$ のとき

$$f(\pm 1) - f\left(-\boxed{\text{ G }}b\right) = \left(b \pm \dfrac{\boxed{\text{ H }}}{\boxed{\text{ I }}}\right)^2 \boxed{\text{ J }}\, M - m(= 2) \ (\text{複号同順})$$

が成り立つ。ただし，$\boxed{\text{ J }}$ には，(1) の [等号・不等号の選択肢] ⓪～② の中から適するものを選びなさい。

　これをもとに考えると，$(*)$ を満たす組 $(b,\ c)$ は，$\boxed{\text{ K }}$ であることがわかる。ただし，$\boxed{\text{ K }}$ には，次の選択肢 ⓪～⑦ の中から適するものを選びなさい。

⓪ $\left(\pm\dfrac{1}{4},\ \dfrac{1}{2}\right)$　　① $\left(\dfrac{1}{4},\ \pm\dfrac{1}{2}\right)$　　② $\left(\pm 1,\ -\dfrac{1}{4}\right)$　　③ $\left(-1,\ \pm\dfrac{1}{4}\right)$

④ $\left(\pm\dfrac{3}{2},\ \dfrac{1}{2}\right)$　　⑤ $\left(\dfrac{3}{2},\ \pm\dfrac{1}{2}\right)$　　⑥ $\left(\pm\dfrac{3}{2},\ -\dfrac{1}{4}\right)$　　⑦ $\left(-\dfrac{3}{2},\ \pm\dfrac{1}{4}\right)$

-計算欄 (memo)-

問 2　右図のように 1 辺の長さが 1 の正方形 ABCD の周上を頂点から頂点へと動く点 P がある。P は最初点 A にあり，1 分ごとにサイコロを投げて出た目の数と同じ距離だけ反時計回りに移動する。(例えば，出た目が 5 であれば P は A から B へ移動する。)

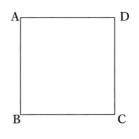

(1)　最初 A にあった点 P が，1 分後に A，B，C，D に位置している確率をそれぞれ p_1，p_2，p_3，p_4 とする。これらの値の組 (p_1, p_2, p_3, p_4) として正しいものは，$\boxed{\text{L}}$ である。ただし，$\boxed{\text{L}}$ には，次の選択肢⓪～⑧の中から適するものを選びなさい。

$$⓪ \left(\frac{1}{4}, \frac{1}{4}, \frac{1}{4}, \frac{1}{4}\right) \quad ① \left(\frac{1}{2}, \frac{1}{6}, \frac{1}{6}, \frac{1}{6}\right) \quad ② \left(\frac{1}{6}, \frac{1}{2}, \frac{1}{6}, \frac{1}{6}\right)$$

$$③ \left(\frac{1}{6}, \frac{1}{6}, \frac{1}{2}, \frac{1}{6}\right) \quad ④ \left(\frac{1}{6}, \frac{1}{6}, \frac{1}{6}, \frac{1}{2}\right) \quad ⑤ \left(\frac{1}{3}, \frac{1}{3}, \frac{1}{6}, \frac{1}{6}\right)$$

$$⑥ \left(\frac{1}{3}, \frac{1}{3}, \frac{1}{6}, \frac{1}{6}\right) \quad ⑦ \left(\frac{1}{3}, \frac{1}{6}, \frac{1}{6}, \frac{1}{3}\right) \quad ⑧ \left(\frac{1}{6}, \frac{1}{3}, \frac{1}{3}, \frac{1}{6}\right)$$

(2)　最初 A にあった点 P が，2 分後に A，C に位置している確率は，それぞれ $\dfrac{\boxed{\text{M}}}{\boxed{\text{N}}}$，$\dfrac{\boxed{\text{O}}}{\boxed{\text{P}}}$ である。

(3)　最初 A にあった点 P が，1 分後に A，2 分後に C，3 分後に C，4 分後に A に位置している確率は，$\dfrac{1}{\boxed{\text{QRS}}}$ である。

最初 A にあった点 P が，2 分後に A，4 分後に C，6 分後に C，8 分後に A に位置している確率は，$\dfrac{1}{\boxed{\text{TUV}}}$ である。

最初 A にあった点 P が，2 分後，4 分後，6 分後，8 分後において，つねに 2 分前と隣の頂点に位置している確率は，$\dfrac{\boxed{\text{W}}}{\boxed{\text{XY}}}$ である。

-計算欄 (memo)-

Ⅰの問題はこれで終わりです。Ⅰの解答欄　**Z**　はマークしないでください。

II

問1　一般項が

$$a_n = \frac{n^3 + 3n + 12}{n^3 + 3n^2 + 3n + 1} \ (n = 1, \ 2, \ 3, \ \cdots)$$

で与えられている数列 $\{a_n\}$ について，項の値が最小となる番号 n を求めたい。$\{a_n\}$ の増減を，階差数列の符号によって調べるのは困難なので，別の手法を考える。

$a_n = \dfrac{n^3 + 3n + 12}{\left(n + \boxed{\textbf{A}}\right)^3}$ であることに注目して，$m = n + \boxed{\textbf{A}}$ とおくと

$$a_n = 1 + \frac{-\boxed{\textbf{B}}\,m^2 + \boxed{\textbf{C}}\,m + \boxed{\textbf{D}}}{m^3} \quad \cdots\cdots \quad ①$$

$$= 1 - \boxed{\textbf{B}} \cdot \frac{1}{m} + \boxed{\textbf{C}} \left(\frac{1}{m}\right)^2 + \boxed{\textbf{D}} \left(\frac{1}{m}\right)^3 \quad \cdots\cdots \quad ②$$

となる。これを b_m とおいて，まずは b_m が最小となる自然数 m を求めよう。

-計算欄 (memo)-

正の実数 x の関数 $f(x) = 1 - 3x + 6x^2 + 8x^3$ を考えると，②より

$$b_m = f\left(\frac{1}{m}\right) \quad \cdots\cdots \quad ③$$

である。$x > 0$ のもとで $f(x)$ の増減を調べると，$f(x)$ は $x = \dfrac{\sqrt{\boxed{E} - \boxed{F}}}{\boxed{G}}$ のとき極小となる。この値を α とおくと

$$\frac{1}{\boxed{H}} < \alpha < \frac{1}{\boxed{I}}$$

が成り立つ。これと③より，b_m が最小となる自然数 m は，$\boxed{H}$，$\boxed{I}$ のいずれかである。

$b_{\boxed{H}}$ と $b_{\boxed{I}}$ の大小を比べよう。①を用いると

$$b_{\boxed{H}} - b_{\boxed{I}} = \frac{\boxed{JK}}{k} \quad (k\text{は分子と互いに素な自然数})$$

の形に表せる。したがって，b_m が最小となる自然数 m は，$m = \boxed{L}$ である。すなわち，a_n が最小となる自然数 n は，$n = \boxed{M}$ である。

-計算欄 (memo)-

問 2

(1)　次の文中の　**N**　，　**P**　には，下の選択肢⓪〜⑨の中から適するものを選び，

O　には適する数を入れなさい。

O を原点とする複素数平面上に，定点 A(α) と 2 つの図形

$$F : \overline{\alpha}z + \alpha\overline{z} = 2z\overline{z} \quad \cdots\cdots \quad ①$$

$$G : \overline{\alpha}z + \alpha\overline{z} = 2\alpha\overline{\alpha} \quad \cdots\cdots \quad ②$$

がある。

F は **N** である。

F，G の共有点を考える。方程式①，②を連立すると $|z| = |\alpha|$ 。これを満たす F 上の点の個数は **O** であるから，F，G の共有点は **O** 個である。これと，②が z の 1 次式であることから，G は **P** である。

⓪ 直線OA　　　　　　　　　① Oを通りOAと垂直な直線

② 点αを通りOAと垂直な直線　　③ 点$-\alpha$を通りOAと垂直な直線

④ 点$\dfrac{\alpha}{2}$を通りOAと垂直な直線　　⑤ 点$-\dfrac{\alpha}{2}$を通りOAと垂直な直線

⑥ 中心O，半径 $|\alpha|$ の円周　　⑦ 中心α，半径 $|\alpha|$ の円周

⑧ 中心$\dfrac{\alpha}{2}$，半径$\dfrac{|\alpha|}{2}$の円周　　⑨ 中心$-\dfrac{\alpha}{2}$，半径$\dfrac{|\alpha|}{2}$の円周

-計算欄 (memo)-

(2)　次の文中の $\boxed{\text{Q}}$，$\boxed{\text{R}}$ には，下の選択肢⓪〜⑨の中から適するものを選び，他の $\boxed{}$ には適する数を入れなさい。

$\beta = 1 + i$ とする。O を原点とする複素数平面上に，定点 B(β) と 2 つの図形

$$F' : \overline{\beta}z + \beta\overline{z} \geqq z\overline{z}$$

$$G' : \overline{\beta}z + \beta\overline{z} = \beta\overline{\beta}$$

がある。

(1) と同様に考えると，F' は $\boxed{\text{Q}}$ であり，G' は $\boxed{\text{R}}$ である。

⓪ 直線OB　　　　　　　　　① Oを通りOBと垂直な直線

② 点βを通りOBと垂直な直線　　③ 点$-\beta$を通りOBと垂直な直線

④ 点$\dfrac{\beta}{2}$を通りOBと垂直な直線　　⑤ 点$-\dfrac{\beta}{2}$を通りOBと垂直な直線

⑥ 中心O 半径 $|\beta|$ の円板　　　⑦ 中心β 半径 $|\beta|$ の円板

⑧ 中心$\dfrac{\beta}{2}$ 半径$\dfrac{|\beta|}{2}$ の円板　　⑨ 中心$-\dfrac{\beta}{2}$ 半径$\dfrac{|\beta|}{2}$ の円板

また，点 z が $F' \cap G'$ 上を動くときの $|z|$，$\arg z$ の値の範囲は

$$\frac{\sqrt{\boxed{\text{S}}}}{\boxed{\text{T}}} \leqq |z| \leqq \sqrt{\boxed{\text{U}}}$$

$$-\frac{\pi}{\boxed{\text{VW}}} \leqq \arg z \leqq \frac{\boxed{\text{X}}}{\boxed{\text{YZ}}}\pi$$

ただし，$\arg z$は $-\pi$以上π未満の範囲で答えよ。

-計算欄 (memo)-

Ⅱ の問題はこれで終わりです。

III

放物線 $C_1 : y = \dfrac{1}{2}x^2$ 上の点 $\mathrm{A}\left(a,\ \dfrac{1}{2}a^2\right)$（ただし，$a \geqq 0$）を中心とする半径 r $(r > 0)$ の円 C_2 がある。C_1 上の任意の点を $\mathrm{P}(x,\ y)$ とする。

(1)

$$\mathrm{AP}^2 = (x-a)^2 \left\{ \boxed{\text{A}} + \frac{(x+a)^2}{\boxed{\text{B}}} \right\}$$

である。これを $f(x)$ とおくと

$$f'(x) = (x-a)\left(x^2 + ax + \boxed{\text{C}}\right)$$

となる。

(2)　$0 \leqq a \leqq \boxed{\text{D}}\sqrt{\boxed{\text{E}}}$ のとき，任意の正の実数 r に対して，C_1 と C_2 の共有点の個数は $\boxed{\text{F}}$ である。

(3)　$a > \boxed{\text{D}}\sqrt{\boxed{\text{E}}}$ のとき，C_1 と C_2 の共有点の個数は，正の実数 r の値に応じて変化し，$\boxed{\text{G}}$，$\boxed{\text{H}}$，$\boxed{\text{I}}$ のいずれかである。ただし，$\boxed{\text{G}} < \boxed{\text{H}} < \boxed{\text{I}}$ となるように答えなさい。

　　$a > \boxed{\text{D}}\sqrt{\boxed{\text{E}}}$ を満たす最小の自然数 a は，$a = \boxed{\text{J}}$ である。$a = \boxed{\text{J}}$ のとき，C_1 と C_2 が異なる $\boxed{\text{I}}$ 個の共有点をもつような半径 r の値の範囲は

$$\frac{\boxed{\text{K}}\sqrt{\boxed{\text{L}}}}{\boxed{\text{M}}} < r < \boxed{\text{N}}\sqrt{\boxed{\text{O}}}$$

である。

-計算欄 (memo)-

Ⅲ の問題はこれで終わりです。Ⅲ の解答欄 **P** ～ **Z** はマークしないでください。

IV

xy 平面上に，直線 $l : x + y = a$ (a は実数の定数) と，媒介変数 t で表された曲線

$$C : \begin{cases} x = -t^2 + 2t + 3 \\ y = -2t^2 + 2 \end{cases} \quad \cdots\cdots \quad ①$$

があり，C と l は接しているとする。

(1)　　①のとき，C 上の点 (x, y) における接線の傾きを t で表すと

$$\frac{\boxed{A}\, t}{t - \boxed{B}} \quad \left(\text{ただし，} t \neq \boxed{B}\right)$$

となる。よって，l との接点に対応する t の値は $\dfrac{\boxed{C}}{\boxed{D}}$ であり，$a = \dfrac{\boxed{EF}}{\boxed{G}}$ である。

また，$\dfrac{\boxed{EF}}{\boxed{G}} - (x + y) = \boxed{H} \left(t - \dfrac{\boxed{I}}{\boxed{J}}\right)^2 \geqq 0$ より，C は l より (接点を除いて) 下側にあることがわかる。

-計算欄 (memo)-

(2)　次の文中の $\boxed{\text{N}}$，$\boxed{\text{O}}$，$\boxed{\text{U}}$，$\boxed{\text{V}}$ には，下の選択肢 ⓪ ～ ⑦ の中から適するもの

を選び，他の $\boxed{}$ には適する数を入れなさい。

　　曲線 C のうち，領域「$x \geqq 0$ かつ $y \geqq 0$」内にある部分を C_1 とする。C_1 と l と x 軸で

囲まれる部分の面積を S_1，C_1 と l と y 軸で囲まれる部分の面積を S_2 として，これらの和

$S = S_1 + S_2$ を求めよう。

　　①において，点 $(x,\ y)$ が C_1 上にあるような t の値の範囲は $\boxed{\text{KL}} \leqq t \leqq \boxed{\text{M}}$ であ

り，$\dfrac{dx}{dt} = \boxed{\text{N}}\, 0 \ \left(\boxed{\text{KL}} < t < \boxed{\text{M}} \right)$ より，この範囲において x は t の $\boxed{\text{O}}$ である

ことがわかる。

　　したがって，①のもとで

$$S = \frac{1}{2}\left(\frac{\boxed{\text{PQ}}}{\boxed{\text{R}}} \right)^2 - \int_{\boxed{\text{T}}}^{\boxed{\text{S}}} \boxed{\text{U}}\ \boxed{\text{V}}$$

と表される。これを置換積分法を用いて計算すると，$S = \dfrac{\boxed{\text{WX}}}{\boxed{\text{Y}}}$ と求まる。

⓪　$>$　　　①　$<$　　　②　増加関数　　　③　減少関数

④　x　　　⑤　y　　　⑥　dx　　　　⑦　dy

-計算欄 (memo)-

$\boxed{\text{IV}}$ の問題はこれで終わりです。$\boxed{\text{IV}}$ の解答欄 $\boxed{\textbf{Z}}$ はマークしないでください。

コース2の問題はこれですべて終わりです。解答用紙の $\boxed{\text{V}}$ はマークしないでください。

解答用紙の解答コース欄に「コース2」が正しくマークしてあるか,

もう一度確かめてください。

この問題冊子を持ち帰ることはできません。

解答・解説

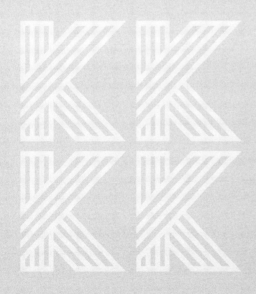

第1回

問 Q.		問題番号 row	正解 A.
I	問1	ABC	244
		DEF	212
		G	3
		H	7
	問2	IJK	121
		LMNO	2021
		PQR	521
		STUV	1621
		WXYZ	6184
II	問1	AB	32
		CDEF	1434
		G	3
		HIJ	226
		KLM	222
	問2	NOP	233
		QR	− 6
		STUVW	13223
		XYZ	253

問 Q.		問題番号 row	正解 A.
III		A	2
		B	4
		CDE	163
		FGH	163
		IJ	14
		KLMNO	24291
		P	1
		QRS	163
		TUV	316
IV		A	2
		BC	21
		D	1
		EF	− 2
		GH	− 1
		IJ	− 1
		K	4
		LM	− 2
		NOPQ	1472

【1－1．ポイント解説】

○ p については，$a \to \dfrac{1}{a} \to \dfrac{1}{2a} \to -\dfrac{1}{2a}$ の順に変域を考える。

○ q については，$q = p\left(p + \dfrac{1}{2}\right)$ と因数分解してグラフを描くとよい。

【1－2．ポイント解説】

(1) $\dfrac{{}_4\mathrm{C}_3}{{}_9\mathrm{C}_3}$

(2) (1) の余事象。

(3) $\dfrac{{}_6\mathrm{C}_3}{{}_9\mathrm{C}_3}$

(4) (3) の余事象。

(5) 「(2) かつ (4)」です。

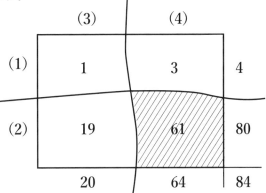

「(1) かつ (3)」は，$\{2,\ 4,\ 6\}$ の 1 通りのみ。

【2－1．ポイント解説】

o $\overrightarrow{\mathrm{OQ}},\ \overrightarrow{\mathrm{OR}}$ を $\dfrac{k}{4}\left(\vec{a}+3\vec{b}\right)$ と表すのが下手解答。

o 円周上にある条件は，中心からの距離でなく，直角に注目するのがここでは良策。

o $\left\{k\left(\vec{a}+3\vec{b}\right)-\vec{a}\right\}\cdot\left\{k\left(\vec{a}+3\vec{b}\right)-\vec{b}\right\}=0$ を，k に注目して展開するのがポイント。

【2－2．ポイント解説】

o
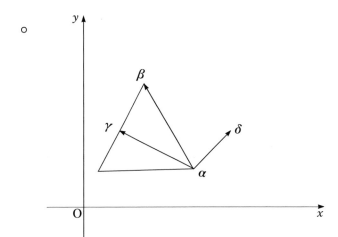

o (2) では $\dfrac{\beta-\alpha}{\delta-\alpha}$ の実部，虚部の比を計算します。

【3．ポイント解説】

○　下図の"マス目"で示した**3**次関数のグラフの特性に関する知識があると，何をしているかがよくわかる。

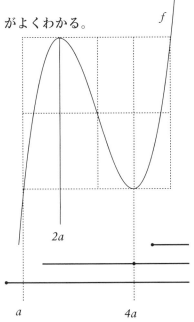

○　最後は，a を正の実数全体で動かしても結果は同じです。

【4．ポイント解説】

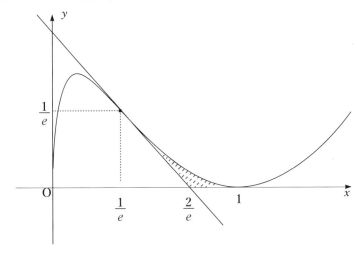

変曲点での接線と曲線は，上下関係がわかっている。

直角二等辺三角形の面積：$\dfrac{1}{2} \cdot \dfrac{1}{e} \cdot \dfrac{1}{e} = \dfrac{1}{2e^2}$ を利用。

第2回

問 Q.		問題番号 row	正解 A.
I	問1	A	8
		B	2
		CDEFG	− 7217
		HIJ	− 12
		KL	12
	問2	MNO	120
		PQ	40
		RS	40
		TU	60
		VW	20
II	問1	ABCDEF	215121
		GHIJKL	215122
		MNOP	2115
	問2	Q	6
		R	5
		STU	142
		VWX	224

問 Q.		問題番号 row	正解 A.
III		A	5
		BCDEF	12162
		GHI	− 11
		JKL	− 34
		MN	23
		OPQR	5518
IV		ABC	142
		DEF	542
		GHI	224
		JK	− 2
		LMN	742
		OPQ	341

【1－1．ポイント解説】

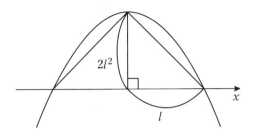

$2l^2 = l$ より $l = \dfrac{1}{2}$ とするのが良策。

【1－2．ポイント解説】

「正十角形の頂点」と書かれていても，このように「円周を１０等分する点」と捉えるとよい。

(1) $\quad {}_{10}\mathrm{C}_3$

(2) $\quad \underbrace{10}_{\text{頂点}} \times \underbrace{4}_{\text{底辺}}$ 。「10」が 3 の倍数でないので，正三角形が出来ない。

(3) $\quad \underbrace{5}_{\text{直径}} \times \underbrace{8}_{\text{他の頂点}} \quad$ or $\quad \underbrace{10}_{\text{直角}} \times \underbrace{4}_{\text{対辺}}$

(4) $\quad \underbrace{10}_{\text{鈍角}} \times \underbrace{6}_{\text{対辺}}$ 。円の中心が三角形の外部にくるものを数える。

(5)

$\quad$ (1) － (3) － (4) 。or　10 個の「36°」の分け方：

$$3 + 3 + 4,\ 2 + 4 + 4$$

を考える。(この考えは，(3)(4) でも使える。)

【2－1．ポイント解説】

○　本間におけるベストな変形は

$$a_{n+1} - \frac{1}{2} \cdot 4^{n+1} + 5 = 2\left(a_n - \frac{1}{2} \cdot 4^n + 5\right)$$

です。

【2－2．ポイント解説】

○　(2) は $\dfrac{|br + ar - ab|}{\sqrt{b^2 + a^2}} = r \rightarrow r$ の 2 次方程式。

○　(3) は相加平均と相乗平均の大小関係を使います。

【3．ポイント解説】

○　$f'(t)$ の計算には，積の微分法を用いるとよい。

○　$f\left(-\dfrac{3}{4}\right) = \dfrac{7}{16} \cdot \left(\dfrac{7}{12}\right)^2$

　　$f\left(\dfrac{2}{3}\right) = \dfrac{5}{9} \cdot \left(\dfrac{5}{6}\right)^2$

【4．ポイント解説】

○　$f'(x) = e^{-x}(-\sin x + \cos x)$ の後, 合成するのが下手解答。単位円周上の点 $(\cos x, \sin x)$ の位置によって $f'(x)$ の符号を直接判断する。

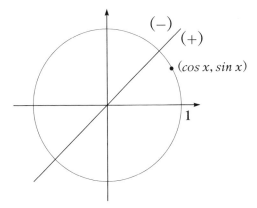

○　最後は, $f(X_k)$ と $f(x_k)$ を別々に計算してもできるが, まとめて

$$\lim_{n \to \infty} \sum_{k=0}^{2n-1} \frac{\sqrt{2}}{2} \cdot e^{-\frac{\pi}{4}} \cdot \left(e^{-\pi}\right)^k$$

とするのが良策。

ちなみに,「$f(X_k) + f(x_k)$」であれば, 公比が「$-e^{-\pi}$」となる。

第3回

問Q.		問題番号 row	正解A.
I	問1	AB	− 2
		C	4
		D	1
		EFG	442
		HI	58
	問2	JKLM	5108
		NOP	124
		QRS	136
		TU	49
		VWXYZ	11216
II	問1	A	1
		BCDE	1345
		FG	78
		HI	72
		JKL	474
		MNOP	1278
	問2	Q	2
		R	4
		STUV	1212
		WX	20

問Q.		問題番号 row	正解A.
III		ABC	121
		DEFG	1254
		HI	54
		J	4
		K	2
		L	0
		MNOP	3343
IV		A	1
		BC	12
		DEF	122
		GHI	222
		JKL	422

【1−1．ポイント解説】

　2つの条件を用いると

$$c = 1 - a + b, \quad c = 1 + \frac{b}{2a} + \frac{b^2}{4a}$$

よって，c の存在も確保される。

【1−2．ポイント解説】

(1)　まず，組合せ $\{a, \ b, \ c\} = \{1, \ 1, \ 4\}$，$\{1, \ 2, \ 3\}$，$\{2, \ 2, \ 2\}$ を求める。

(2)　同様に，$\{a, \ b, \ c\} = \{1, \ 1, \ 6\}$，$\{1, \ 2, \ 3\}$。

(3)　$a = b = c$。「$(a - b)^2 + (b - c)^2 = 0$」でも同じですね。

(4)　「$a, \ b, \ c$ のどれかが等しい」。余事象は，「全て相異なる」で，$_6\mathrm{P}_3$ 通り。

(5)　$E : a = 1$かつ$b = 2$，$F : b = 2$かつ$c = 3$ として，$P(E \cup F)$。

　　　$E \cap F$ は，「$a = 1$かつ$b = 2$かつ$c = 3$」。

【2−1．ポイント解説】

○　「x」を複雑な「$\overrightarrow{\mathrm{OP}}$」の方に付けることで，計算の負担が減っています。

○　$\mathrm{PQ}^2 = \left| \overrightarrow{a} + s\left(\overrightarrow{b} - \overrightarrow{a}\right) - t\overrightarrow{c} \right|^2$ として，$s, \ t$ に注目して展開する。

　　$\left(\overrightarrow{b} - \overrightarrow{a}\right) \cdot \overrightarrow{c} = 0$ なので，「st」の項が消える。

【2−2．ポイント解説】

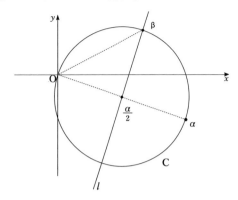

○　　$l : \overline{\alpha}z + \alpha\overline{z} = \alpha\overline{\alpha}(= 40)$

　　　$C : \dfrac{\overline{\alpha}}{2}z + \dfrac{\alpha}{2}\overline{z} = z\overline{z}$

○　　(2) は，$\dfrac{\beta}{\alpha} = \dfrac{1}{\sqrt{2}}\left(\cos 45° + i\sin 45°\right)$ より。

○　　(3) は $z = \dfrac{k}{\overline{w}}$ を C の式へ代入。

　　「反転」を熟知していれば

$$|\alpha| \cdot \frac{|\alpha|}{2} = k$$

　　から k は求まる。

【3．ポイント解説】

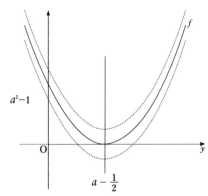

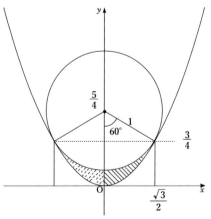

　面積は，対称性を用いた上で，台形から扇形と放物線の下の部分を引く。

【4．ポイント解説】

○　$f(x) = m \sin x - \tan x$ の原始関数の 1 つは

$$F(x) = -m \cos x + \log \cos x$$

これを用いると

$$S = 2F(\alpha) - F(0) - F\left(\frac{\pi}{4}\right)$$

第4回

問 Q.		問題番号 row	正解 A.
I	問1	A	2
		BC	− 8
		D	6
		EFG	− 12
	問2	HIJ	160
		KLM	161
		NOP	560
		QR	12
II	問1	A	4
		BC	− 1
		DEF	− 12
		G	8
		HIJK	− 111
	問2	LMNO	− 132
		PQ	23
		RS	34
		T	2
		U	2
		V	2
		WX	22
		YZ	25

問 Q.		問題番号 row	正解 A.
III		A	3
		B	5
		CD	23
		E	1
		FG	23
		H	4
IV		A	4
		B	2
		C	8
		DE	21
		FGH	− 32
		I	3
		J	2
		KLMN	− 321
		O	5

【1－1 ポイント解説】

平行移動の 2 通りの扱い。

(1)　公式：$y - b = f(x - a)$ が有利。

(2)　頂点 $\left(-\dfrac{a}{6},\ 1 - \dfrac{a^2}{12} \right)$ の移動が有利。

【1－2 ポイント解説】

(1)　${}_6\mathrm{C}_3 \left(\dfrac{1}{3} \right)^4 \left(\dfrac{2}{3} \right)^3 = \dfrac{160}{3^7}$

(2)　余り $(0,\ 1,\ 2)$ の回数の組は $(0,\ 5,\ 2),\ (2,\ 4,\ 1),\ (4,\ 3,\ 0)$。

$$\left({}_7\mathrm{C}_2 + \dfrac{7!}{2!\,4!} + {}_7\mathrm{C}_3 \right) \left(\dfrac{1}{3} \right)^7 = \dfrac{21 + 105 + 35}{2^7} = \dfrac{161}{3^7}$$

後半は，余り 1，2 を"束ねて"考えて

$$ {}_7\mathrm{C}_3 \left(\dfrac{2}{3} \right)^4 \left(\dfrac{1}{3} \right)^3 = \dfrac{560}{3^7}$$

〈注〉「道のり」＝「動いた軌跡の長さ」。

(3)　題意の事象は,「奇数の目が偶数回」。その余事象は「奇数の目が奇数回, i.e. 1, 3, 5 回」。

　よって

$$1 - \left({}_6\mathrm{C}_1 + {}_6\mathrm{C}_3 + {}_6\mathrm{C}_5 \right) \left(\dfrac{1}{2} \right)^7 = 1 - \dfrac{6 + 20 + 6}{2^6} = 1 - \dfrac{1}{2} = \dfrac{1}{2}$$

〈参考〉回数が何回であっても，偶数，奇数の確率は等しくなります。

【2－1ポイント解説】

o (1) $a_n = \cdots$ と解いて漸化式へ代入するのが確実な方法。

o (3) $(n+2)n! = (n+1+1)n! = (n+1)! + n!$

【2－2ポイント解説】

(1)

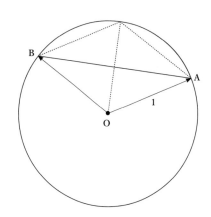

(2) $2(\alpha - \beta)^2 + (\gamma - \beta)^2 = 0$

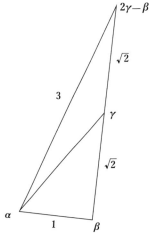

$2\gamma - \beta - \alpha$ の意味を見抜くことが重要。

最後は tan の加法定理。

$$\frac{2\sqrt{2} - \sqrt{2}}{1 + 2\sqrt{2} \cdot \sqrt{2}} = \frac{\sqrt{2}}{5}$$

【3 ポイント解説】

(1)　　対数微分法

(2)　　x と $2 - 2x$ の大小を比べる。

(3)
　　$x \to +0$ のとき，$f(x) \to 1 \cdot 2^1 = 2$

　　$x \to 1 - 0$ のとき，$t = 1 - x (\to 0)$ とおくと，$f(x) = (1-t)^{1-t} 2^t t^t \to 1 \cdot 1 \cdot 1 = 1$

【4 ポイント解説】

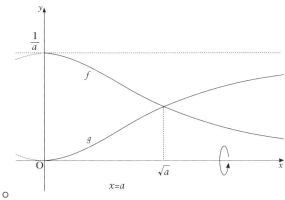

○

$$f^2 - g^2 = (f+g)(f-g)$$
$$= \frac{1}{a}\left(2f - \frac{1}{a}\right)$$

○

$$a \cdot \frac{W}{\pi} = 2 \cdot \frac{\alpha}{\sqrt{a}} - 1$$
$$= 2 \cdot \frac{\alpha}{\tan \alpha} - 1 \to 2 \cdot 1 - 1 = 1$$

　$(a \to +0$ のとき，①より $\alpha \to 0$ です。)

第 5 回

問 Q.		問題番号 row	正解 A.
I	問 1	AB	− 1
		CD	− 2
		EFGH	− 132
		IJK	− 21
	問 2	LMN	225
		OP	15
		QR	10
		ST	20
		UV	70
		WXY	100
		Z	7
II	問 1	A	6
		BC	20
		DE	42
		FG	− 1
		H	2
		IJ	13
	問 2	KLM	222
		N	5
		O	2
		PQRST	10254
		UVW	920
		X	8
		YZ	40

問 Q.		問題番号 row	正解 A.
III		AB	22
		CDE	− 43
		FGH	− 23
		IJ	12
		KLM	148
		NOP	112
		QRS	322
		T	3
		UVWXY	92124
IV		AB	11
		CDEF	0121
		G	0
		H	−
		I	1
		J	2
		K	1
		L	2
		MN	21
		O	1
		P	4
		QR	11
		S	2

【1−1ポイント解説】

○　まずは，　①が因数分解では解決しないことを確認させる。

○　(2) と (3) は独立した問題。

○　(1) で，つねに $f(2) \geqq 0$ であることに気付かせる。

○　(3) は，軸：$x = -a$ が $x \leqq 0$，$0 < x \leqq 2$ のどちらにあるかで分けるのが正しい。

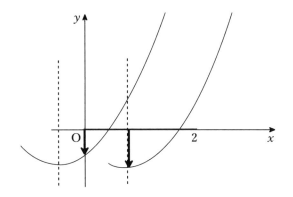

【1−2ポイント解説】

(1)　$\left({}_6\mathrm{C}_2\right)^2 = 15^2 = 225$，　${}_6\mathrm{C}_2 = 15$

(2)　${}_5\mathrm{C}_2 = 10$，　$2 \cdot {}_5\mathrm{C}_2 = 20$

$1 \cdot {}_6\mathrm{C}_2 + 2 \cdot {}_5\mathrm{C}_2 + 3 \cdot {}_4\mathrm{C}_2 + 4 \cdot {}_3\mathrm{C}_2 + 5 \cdot {}_2\mathrm{C}_2$

$= 1 \cdot 15 + 2 \cdot 10 + 3 \cdot 6 + 4 \cdot 3 + 5 \cdot 1$

$= 15 + 20 + 18 + 12 + 5 = 70$

(3)　$225 - (70 + 70 - 15) = 100$

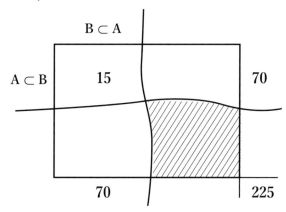

(4)　$A \cap B = \varnothing$ となる取り出し方は，(2) と同様に場合分けして

$(1 + 0 + 1) + (3 + 1 + 1 + 3) + (6 + 3 + 2 + 3 + 6) = 2 + 8 + 20 = 30$

求める数は，$225 - 30 = 195$

【2－1 ポイント解説】

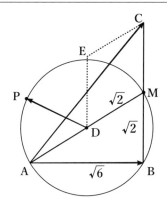

(1)　$\vec{b} \cdot \vec{c} = \left| \vec{b} \right|^2$ です。

(2)　$\left| \dfrac{\vec{b} + \vec{c}}{4} \right|$ は，$\dfrac{\text{AM}}{2}$ と求めるのが楽。内積計算でもできますが。

$$\vec{p} \cdot \left(\vec{p} - \frac{\vec{b} + \vec{c}}{2} \right) = 0 と変形してもよい。$$

(3)

$$\overrightarrow{\mathrm{AP}} \cdot \overrightarrow{\mathrm{CP}} = \left| \overrightarrow{\mathrm{DP}} \right|^2 - \left(\overrightarrow{\mathrm{DA}} + \overrightarrow{\mathrm{DC}} \right) \cdot \overrightarrow{\mathrm{DP}} + \overrightarrow{\mathrm{DA}} \cdot \overrightarrow{\mathrm{DC}}$$

$$= 2 - \overrightarrow{\mathrm{DE}} \cdot \overrightarrow{\mathrm{DP}} + \frac{\overrightarrow{b} + \overrightarrow{c}}{4} \cdot \frac{\overrightarrow{b} - 3\overrightarrow{c}}{4}$$

$$= 2 - \sqrt{2} \cdot \sqrt{2} \cos\theta + \frac{6 - 3 \cdot 14 - 2 \cdot 6}{16} \quad (\theta は \overrightarrow{\mathrm{DE}}, \ \overrightarrow{\mathrm{DP}} のなす角)$$

$$= -1 - 2\cos\theta$$

もちろん，$|\overrightarrow{\mathrm{DE}}|$ は内積計算で求めても良い。

【2－2ポイント解説】

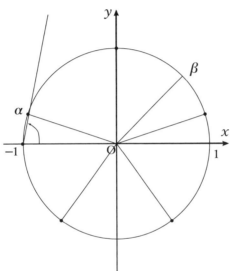

○　(2)　$5\theta = \dfrac{\pi}{2} + 2\pi \cdot k$

$\alpha + 1 = \alpha - (-1)$ とみて，ベクトルの偏角を考える。

○ (3) 一般に，$|z| = 1$ のとき

$$\frac{1}{z} = \frac{z\overline{z}}{z} = \overline{z}$$

$$\therefore \quad z^n + \frac{1}{z^n} = z^n + (\overline{z})^n = z^n + \overline{z^n} = 2\mathrm{Re}\,(z^n)$$

$$\therefore \text{与式は} \cos\left(\frac{9}{10}\pi \cdot n\right) = \cos\left(\frac{\pi}{4} \cdot n\right)$$

$$\frac{9}{10}\pi \cdot n = \pm\frac{\pi}{4}n + 2\pi \cdot l$$

$$\frac{9}{10}n = \pm\frac{1}{4}n + 2l$$

$$18n = \pm 5n + 40l$$

$$13n \text{ or } 23n = 40l(13,\ 23 \text{ は，いずれも } 40 \text{ と互いに素})$$

【3 ポイント解説】

(1) $f(t) = g(t),\ f'(t) = g'(t)$

(2) $h(t) = b - \dfrac{1}{4}a^2$

(3) 方程式 $t^3 - t^2 \cdots = 0$ を真面目に因数分解 or t が重解となることを既知として解と係数の関係より

$$t + t + (\text{他の解}) = \frac{3}{2}$$

(4)

$$t - u = 3\left(t - \frac{1}{2}\right) > 0 \text{ より，} t > u$$

$$f(x) - g(x) = \frac{2}{3}(x - u)(x - t)^2 \geqq 0 \ (u \leqq x \leqq t)$$

250

【4 ポイント解説】

(3)　I_n の漸化式のの両辺を $\dfrac{(-1)^n}{(2n)!}$ 倍します。

もしくは，I_n を J_n で表して代入してもよい。

(4)　第 n 部分和は $J_n - J_0$ で，$I_n \to 0$ より $J_n \to 0$ 。それを示すには，正確には

$$|J_n| = \left| \frac{I_n}{(2n)!} \right| \to 0$$

とする。

$$\alpha = -J_0$$

$$0 < 1 < \frac{\pi}{3} \ \text{より} \ 1 > \cos 1 > \frac{1}{2}$$

第 6 回

問 Q.		問題番号 row	正解 A.
I	問1	A	9
		B	5
		C	5
		DEF	− 25
		G	3
		H	1
		I	5
		J	7
	問2	KL	12
		MNO	521
		PQRS	2243
		TUVWXY	121226
II	問1	A	4
		BCD	420
		EFGH	9811
		I	5
	問2	JK	− 1
		LM	− 1
		NO	20
		P	4
		QR	− 2
		S	3
		TU	− 4
		VWXY	3651

問 Q.		問題番号 row	正解 A.
III		A	4
		BC	22
		D	1
		EF	12
		GHIJ	1313
		KLM	− 21
		NOPQ	− 121
		RST	105
		UVWX	2155
IV		A	1
		B	5
		C	0
		D	2
		EF	21
		G	0
		HIJKL	22212
		M	2
		NOPQR	36212

【1－1．ポイント解説】

○　情報を持つ文字 p, q, c で表す。

○　定数 $\dfrac{k(k+1)}{2}$, $\dfrac{k(k-1)}{2}$, $1-k^2$ の符号に注目。

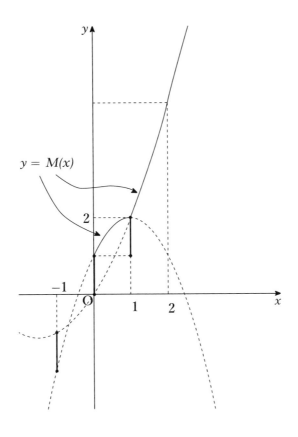

【1－2ポイント解説】

(1)　直接求まる条件付き確率

$$\frac{10+1}{21+1} = \frac{1}{2}$$

(2)　$\dfrac{10}{21} \cdot \dfrac{11}{22} = \dfrac{5}{21}$

(3)　直接求まらない条件付き確率

$$\frac{\dfrac{11}{21}\cdot\dfrac{10}{21}}{\dfrac{11}{21}\cdot\dfrac{10}{21}+\dfrac{10}{21}\cdot\dfrac{11}{22}}=\frac{22}{22+21}=\frac{22}{43}$$

(4)　直接求まらない条件付き確率。「$X+Y$ が偶数」とは「X, Y の偶奇が一致」。

$$\frac{\dfrac{11}{21}\cdot\dfrac{11}{21}}{\dfrac{11}{21}\cdot\dfrac{11}{21}+\dfrac{10}{21}\cdot\dfrac{11}{22}}=\frac{\dfrac{11}{21}}{\dfrac{11}{21}+\dfrac{5}{11}}=\frac{11^2}{11^2+5\cdot21}=\frac{121}{226}$$

　　条件付き確率は，あまり出ていないようですが，一応範囲内であり，スタンダードなものを一度はやっておくべきでしょう。

【2－1ポイント解説】

○　余りの周期性。余りの一致。

$$a_{n+4}-a_n=3^n\left(3^4-1\right)=3^n\cdot8\cdot10$$

○　余りは 4, 0, 8, 2 の繰り返し。

○　総和 $=\displaystyle\sum_{k=0}^{m-1}\left(9\cdot81^k+1\right)$

【2－2ポイント解説】

(1) $F = (x-2)^2 + y^2 - 4$

(2) $l : (x+1) - a(y+1) = 0$

(3) 領域は l の左側。

　　 $C(-3,\ 0) \in D$ となる条件は $-2 - a \leqq 0$

(4) $A(2,\ 0) \in D$ となる条件は $3 - a \leqq 0$

　　 それ以外のとき，A から l へ下ろした垂線の足が円内にあることは，AB を直径とする円を見ると確かめられる。

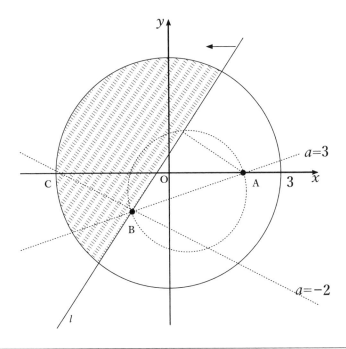

【3 ポイント解説】

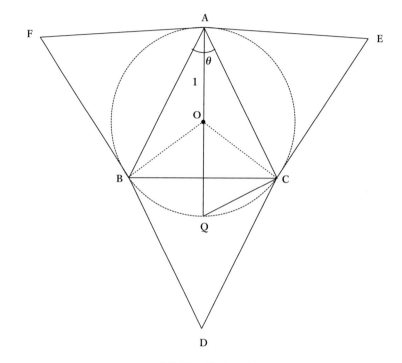

(1)　前半：OA，OB，OC で 3 つの三角形に分けるなど。

　　　後半：直角三角形 ACQ に注目。または O から AC に垂線を下ろす。

(2)　△PAO で三平方の定理。$c = \cos\theta,\ s = \sin\theta$ と略記して

$$\mathrm{PH} = \sqrt{\left(2\cos\dfrac{\theta}{2}\right)^2 - 1^2}$$
$$= \sqrt{2(1+c) - 1} = \sqrt{1 + 2c}$$

(3)

$$V = \frac{1}{3}\cdot(1+c)s\sqrt{1+2c}$$
$$= \frac{1}{3}\cdot\sqrt{(1+c)^2(1-c^2)(1+2c)}$$
$$\sqrt{}\,内 = (1+t)^3(1-t)(1+2t) = (1+t)^3(-2t^2+t+1)\ (= f(t))$$

積の微分法を用いると

$$
\begin{aligned}
f'(t) =& 3(1+t)^2(-2t^2+t+1)+(1+t)^3(-4t+1) \\
=& (1+t)^2\left\{3(-2t^2+t+1)+(1+t)(-4t+1)\right\} \\
=& (1+t)^2\left(-10t^2+4\right)
\end{aligned}
$$

$t=\sqrt{\dfrac{2}{5}}$ で最大。

$$
\mathrm{BC}=2\sin\theta=2\cdot\sqrt{\dfrac{3}{5}}=\dfrac{2\sqrt{15}}{5}
$$

【4 ポイント解説】

○

$$f(x) = x + e^x \underbrace{\int_{-1}^{1} e^{-t} g''(t) dt}_{a \text{ とおく}} = x + ae^x$$

$$g(x) = x \int_{0}^{x} f(t) dt - \int_{0}^{x} t f(t) dt + \frac{2}{e}$$

$$g'(x) = \int_{0}^{x} f(t) dt + x f(x) - x f(x) = \int_{0}^{x} f(t) dt \quad \cdots\cdots \quad ③$$

$$g''(x) = f(x)$$

$$a = \int_{-1}^{1} e^{-t} f(t) dt$$

$$= \int_{-1}^{1} \left(e^{-t} t + a \right) dt$$

$$= \left[e^{-t}(-t-1) \right]_{-1}^{1} + 2a$$

$$= -\frac{2}{e} + 2a$$

$$a = \frac{2}{e}$$

○

$$f(x) = x + \frac{2}{e} \cdot e^x = x + 2e^{x-1} = g''(x)$$

$$g'(x) = \frac{x^2}{2} + \frac{2}{e} \cdot e^x - \frac{2}{e} \quad (\because ③ g'(0) = 0)$$

$$g(x) = \frac{x^3}{6} + \frac{2}{e} \cdot e^x - \frac{2}{e} x \quad \left(\because ② g(0) = \frac{2}{e} \right)$$

第 7 回

問 Q.		問題番号 row	正解 A.
I	問1	AB	32
		CD	94
		EF	32
		G	4
		HIJK	3415
		LM	15
		NO	53
	問2	PQ	81
		RST	116
		UV	65
		W	5
II	問1	A	0
		B	6
		C	5
		DE	11
		FGH	345
		IJ	32
		KLM	121
	問2	N	7
		O	6
		P	6
		Q	7
		R	1
		STUV	− 160
		WXY	356

問 Q.		問題番号 row	正解 A.
III		AB	12
		CD	56
		EF	16
		GH	12
		IJ	11
		KLM	122
		NOPQ	2121
		RS	22
		TUVW	1221
		X	2
		Y	2
IV		A	1
		B	2
		CDE	222
		FGH	212
		I	2
		J	2
		KLM	324
		NO	32
		PQ	22
		RS	73
		TU	22

【1－1 ポイント解説】

頂点で最大より，グラフは上に凸ゆえ $a > 0$。

定義域内に軸があるから $(-1 <) \dfrac{3}{2} \leqq a$

a と 4 の大小で場合分け。ii) では，$m < 0$ となってしまう。

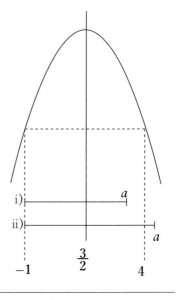

【1－2 ポイント解説】

(1) $\left(\dfrac{9}{12}\right)^4 = \left(\dfrac{3}{4}\right)^4 = \dfrac{81}{256}$

(2) $\left(\dfrac{6}{12}\right)^4 = \left(\dfrac{1}{2}\right)^4 = \dfrac{1}{16}$

(3) $\left(\dfrac{9}{12}\right)^4 - \left(\dfrac{6}{12}\right)^4 = \left(\dfrac{3}{4}\right)^4 - \left(\dfrac{2}{4}\right)^4 = \dfrac{81 - 16}{4^4} = \dfrac{65}{256}$

$$\dfrac{6^4 - (3^4 + 4^4 - 1^4)}{12^4} = \dfrac{6^4 - 336}{12^4} = \dfrac{5}{108}$$

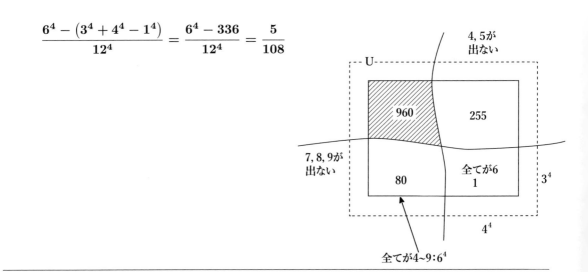

【2－1 ポイント解説】

(1)

$$\left(\overrightarrow{OP} =\right) \begin{pmatrix} 0 \\ 0 \\ 1 \end{pmatrix} + k \begin{pmatrix} a \\ b \\ -1 \end{pmatrix} = \begin{pmatrix} 1 \\ 1 \\ 0 \end{pmatrix} + s \begin{pmatrix} 1 \\ 0 \\ -1 \end{pmatrix} + t \begin{pmatrix} 0 \\ 2 \\ -2 \end{pmatrix}$$

$$\begin{cases} ka = 1 + s \\ kb = 1 + 2t \\ 1 - k = -s - 2t \end{cases}$$

辺々加えて, $(a + b - 1)k + 1 = 2, \ k = \dfrac{1}{a + b - 1}$

$\therefore \quad s = \dfrac{a}{a + b - 1} - 1 = \dfrac{1 - b}{a + b - 1}, \ t = \dfrac{1}{2}\left(\dfrac{b}{a + b - 1} - 1\right) = \dfrac{1 - a}{2(a + b - 1)}$

(2)

$$\overrightarrow{OQ} = \begin{pmatrix} 0 \\ 0 \\ 1 \end{pmatrix} + 1 \cdot \begin{pmatrix} a \\ b \\ -1 \end{pmatrix} = \begin{pmatrix} a \\ b \\ 0 \end{pmatrix} \ \text{i.e.} \ \ (x, \ y) = (a, \ b)$$

$s = \dfrac{1 - b}{a + b - 1} \geqq 0, \ \ t = \dfrac{1 - a}{2(a + b - 1)} \geqq 0, \quad \cdots \quad ①$

$s + t = \dfrac{1 - b}{a + b - 1} + \dfrac{1 - a}{2(a + b - 1)} = \dfrac{3 - a - 2b}{2(a + b - 1)} \leqq 1 \quad \cdots \quad ②$

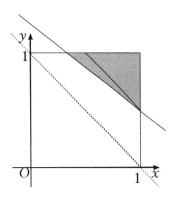

$a + b > 1$ だから, ②は

$3 - a - 2b \leqq 2a + 2b - 2, \quad 3a + 4b \geqq 5 (\text{灰色領域})$

(3)

$$\overrightarrow{\mathrm{AP}} = s\overrightarrow{\mathrm{AB}} + 2t\overrightarrow{\mathrm{AM}}$$

$$s + 2t = \frac{1-b}{a+b-1} + \frac{1-a}{a+b-1} = \frac{2-a-b}{a+b-1} = 1$$

i.e. $a + b = \dfrac{3}{2}$ (黒線分)

【2−2 ポイント解説】

$$1 + z + z^2 + \cdots + z^6 = (z-\alpha)(z-\alpha^2)\cdots(z-\alpha^6)$$

$$l_k = |w - \alpha^k|$$

$$l_1 l_2 l_3 l_4 l_5 l_6 = |w-\alpha| \cdot |w-\alpha^2| \cdots\cdots |w-\alpha^6|$$

$$= |(w-\alpha)(w-\alpha^2)\cdots(w-\alpha^6)|$$

$$= |1 + w + w^2 + \cdots + w^6|$$

$$= \left| \frac{w^7 - 1}{w - 1} \right| \quad (w \neq 1 \text{のとき})$$

$$\therefore \quad P = \begin{cases} 7 \ (w=1), \\ 1 \ \left(w = \dfrac{1+\sqrt{3}i}{2} \right) \end{cases} \quad {}_{\circ\circ\circ}\, w^6 = 1$$

$$S = \sum_{k=1}^{6} l_k{}^2$$

$$= \sum_{k=1}^{6} |w - \alpha^k|^2$$

$$= \sum_{k=1}^{6} \left(|w|^2 - \overline{\alpha^k}w - \alpha^k\overline{w} + |\alpha^k|^2 \right)$$

$$= 6|w|^2 - w \sum_{k=1}^{6} \overline{\alpha^k} - \overline{w} \sum_{k=1}^{6} \alpha^k + 6$$

$$= 6|w|^2 + w + \overline{w} + 6 \quad \left(\because 1 + \sum_{k=1}^{6} \alpha^k = 0 \right)$$

$$= 6\left(w + \frac{1}{6} \right)\left(\overline{w} + \frac{1}{6} \right) + 6 - \frac{1}{6}$$

$$= 6\left| w - \frac{-1}{6} \right|^2 + \frac{35}{6}$$

【3 ポイント解説】

(1)

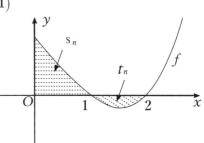

$$f(x) = (x-1)(x-2)\left(x^{n-1} + x^{n-1} + \cdots + x + 1\right)$$

$$s_1 = \int_0^1 \left(x^2 - 3x + 2\right)dx = \frac{1}{3} - \frac{3}{2} + 2 = \frac{5}{6}$$

$$t_1 = \int_1^2 (-1)(x-1)(x-2)\,dx$$

$$= (-1)\cdot\frac{-1}{6}(2-1)^3 = \frac{1}{6}$$

(2)

$$s_n = \int_0^1 \left(x^{n+1} - x^n - 2^n x + 2^n\right)dx$$

$$= \frac{1}{n+2} - \frac{1}{n+1} - 2^n\cdot\frac{1}{2} + 2^n\cdot 1$$

$$t_n = \int_1^2 (-1)\left(x^{n+1} - x^n - 2^n x + 2^n\right)dx$$

$$= -\frac{2^{n+2}-1}{n+2} + \frac{2^{n+1}-1}{n+1} + 2^n\cdot\frac{3}{2} - 2^n\cdot 1$$

$$s_n + t_n = \frac{2^{n+1}-2}{n+1} - \frac{2^{n+2}-2}{n+2} + 2^n$$

$$\sum_{k=1}^n (s_k + t_k) = \frac{2}{2} - \frac{2^{n+2}-2}{n+2} + 2\cdot\frac{2^n-1}{2-1}$$

$$= 2^{n+1} - \frac{2^{n+2}-2}{n+2} - 1$$

【4 ポイント解説】

(1) $f'(x) = \dfrac{1}{\sqrt{x^2+1}}$

(2)

$$\int_0^1 \{f(x)\}^2 dx = \left[xf(x)^2\right]_0^1 - \int_0^1 x \cdot 2f(x)f'(x)dx$$

$$= \alpha^2 - 2\int_0^1 f(x)\cdot\frac{x}{\sqrt{x^2+1}}dx$$

$$= \alpha^2 - 2\left(\left[\sqrt{x^2+1}f(x)\right]_0^1 - \int_0^1 \frac{1}{\sqrt{x^2+1}}\cdot\sqrt{x^2+1}dx\right)$$

$$= \alpha^2 - 2\left(\sqrt{2}\alpha - 1\right) = \alpha^2 - 2\sqrt{2}\alpha + 2$$

$$\int_0^1 xf(x)dx = \left[\frac{x^2}{2}f(x)\right]_0^1 - \frac{1}{2}\int_0^1 \frac{x^2}{\sqrt{x^2+1}}dx$$

$$= \frac{1}{2}\alpha - \frac{1}{2}\int_0^1 \frac{x^2}{\sqrt{x^2+1}}dx$$

ここで, $I = \displaystyle\int_0^1 \frac{x^2}{\sqrt{x^2+1}}dx$ とおくと

$$I = \int_0^1 \frac{x^2+1-1}{\sqrt{x^2+1}}dx$$

$$= \int_0^1 \left(1\cdot\sqrt{x^2+1} - \frac{1}{\sqrt{x^2+1}}\right)dx$$

$$= \left[x\sqrt{x^2+1}\right]_0^1 - \int_0^1 x\cdot\frac{x}{\sqrt{x^2+1}}dx - [f(x)]_0^1$$

$$= \sqrt{2} - I - \alpha$$

$$\therefore \int_0^1 xf(x)dx = \frac{\alpha}{2} - \frac{1}{2}\cdot\frac{\sqrt{2}-\alpha}{2} = \frac{3\alpha-\sqrt{2}}{4}$$

(3)

$$\frac{V}{\pi} = \int_0^1 |t - f(t)|^2 dt$$

$$= \int_0^1 \left\{ t^2 - 2tf(t) + f(t)^2 \right\} dt$$

$$= \frac{1}{3} - 2 \cdot \frac{3\alpha - \sqrt{2}}{4} + \alpha^2 - 2\sqrt{2}\alpha + 2$$

$$= \alpha^2 - \left(\frac{3}{2} + 2\sqrt{2} \right) \alpha + \frac{7}{3} + \frac{\sqrt{2}}{2}$$

第 8 回

問 Q.		問題番号 row	正解 A.
I	問1	A	3
		B	2
		CD	43
		EFG	− 62
		H	3
		IJKL	− 193
	問2	MNO	715
		PQR	126
		STU	680
		V	5
		W	5
		XYZ	558
II	問1	AB	21
		CD	25
		EFG	252
		H	2
		I	4
		JKL	250
	問2	MNOP	1212
		QR	27
		S	3
		TUVW	9222

問 Q.		問題番号 row	正解 A.
III		A	2
		B	2
		CDEF	1123
		GHI	− 12
		JK	12
		LMN	− 22
		OPQ	− 14
		RST	116
		UV	12
		WX	32
IV		ABC	444
		D	8
		E	1
		FG	84
		HIJ	656
		KLMN	8383

【1−1 ポイント解説】

(2) は，(1) を使ってもよいし，判別式を用いてもよい。

(3) は，$a = -6$ の"意味"を理解していれば簡単。

(4) $f(3) = 2(a + 6) < 0$

より，$x = 3$ は整数解。よって，題意の条件は $x = 2$ または $x = 4$ が解となること。

$f(4) = 3\left(a + \dfrac{19}{3}\right) \leqq 0$ または $f(2) = a + 7 \leqq 0$

より，$a \leqq -\dfrac{19}{3}$

【1−2 ポイント解説】

「${}^{1)}$」のような番号の順に求めています。

	$B1$	$B2$	
$A1$	121	$5^{6)}$	$126^{2)}$
$A2$	$558^{8)}$	$30^{7)}$	588
$A3$	1	$0^{5)}$	1
	$680^{4)}$	$35^{3)}$	$715^{1)}$

【2−1 ポイント解説】

$$\left(2+\sqrt{5}\right)^{n+1} = \left(2+\sqrt{5}\right) \cdot \left(2+\sqrt{5}\right)^{n}$$

$$\therefore a_{n+1} + b_{n+1}\sqrt{5} = \left(2+\sqrt{5}\right)\left(a_n + b_n\sqrt{5}\right)$$

$$= (2a_n + 5b_n) + (a_n + 2b_n)\sqrt{5}$$

$$\sum_{k=1}^{100} r_k = 25 \cdot (2+4+3+1) = 25 \cdot 10 = 250$$

【2−2 ポイント解説】

(1)

$$p - c = \frac{1}{\sqrt{2}}\left(\cos 45° + i\sin 45°\right)(b-c)$$

$$= \frac{1+i}{2}(b-c)$$

$$\therefore \quad p = \frac{1+i}{2}b + \frac{1-i}{2}c$$

$$p = \alpha b + \overline{\alpha}c$$

$$q = \alpha c + \overline{\alpha}a$$

$$r = \alpha a + \overline{\alpha}b$$

(2)

$$r - q = ia + \overline{\alpha}b - \alpha c$$

$$p - a = -a + \alpha b + \overline{\alpha}c$$

$$\frac{r-q}{p-a} = -i$$

(3)

$$AB = 3, \quad BP = \sqrt{2}, \quad \theta = \angle ABC とおいて, \quad \cos \theta = \frac{1}{3}, \quad \sin \theta = \frac{2\sqrt{2}}{3}$$

$$
\begin{aligned}
AP^2 &= 9 + 2 - 2 \cdot 3\sqrt{2} \cdot \cos(\theta + 45°) \\
&= 11 - 6\sqrt{2}\left(\cos\theta \cdot \frac{1}{\sqrt{2}} - \sin\theta \cdot \frac{1}{\sqrt{2}}\right) \\
&= 11 + 6(\sin\theta - \cos\theta) \\
&= 11 + 6\left(\frac{2\sqrt{2}}{3} - \frac{1}{3}\right) = 9 + 4\sqrt{2}
\end{aligned}
$$

$$面積 = \frac{1}{2} \cdot AP \cdot QR = \frac{1}{2} \cdot AP^2 = \frac{9}{2} + 2\sqrt{2}$$

【3ポイント解説】

(1)

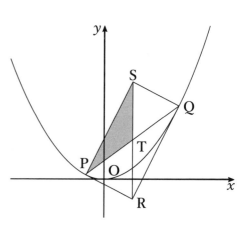

$$s = \int_p^{\frac{p+q}{2}} (x-p)^2 dx + \int_{\frac{p+q}{2}}^q (x-q)^2 dx$$

$$= \left[\frac{1}{3}(x-p)^3\right]_p^{\frac{p+q}{2}} + \left[\frac{1}{3}(x-q)^3\right]_{\frac{p+q}{2}}^q$$

$$= \frac{2}{3}\left(\frac{q-p}{2}\right)^3 = \frac{1}{12}(q-p)^3$$

(2)

$$m_1 : y = \frac{-1}{2p}x + p^2 + \frac{1}{2}$$

$$m_2 : y = \frac{-1}{2q}x + q^2 + \frac{1}{2}$$

連立して, $\left(\dfrac{1}{2q} - \dfrac{1}{2p}\right)x = q^2 - p^2$

$\therefore \quad x = -2pq(p+q)$

$$y = \frac{1}{2p} \cdot 2pq(p+q) + p^2 + \frac{1}{2} = p^2 + pq + q^2 + \frac{1}{2}$$

$l_1 \perp l_2$ のとき,

$$2p \cdot 2q = -1 \ \text{より} \ pq = -\frac{1}{4}$$

$$x_S = x_R = \frac{p+q}{2}$$

$$\therefore \quad RS = \left(p^2 + pq + q^2 + \frac{1}{2}\right) - pq = p^2 + q^2 + \frac{1}{2} = (q-p)^2 = \left(q + \frac{1}{4q}\right)^2$$

$$\text{四角形 PRQS} = \frac{1}{2} \cdot RS \cdot (q-p) = \frac{1}{2}(q-p)^3$$

$$\triangle PST = \frac{1}{4} \cdot \text{四角形 PRQS} = \frac{1}{8}(q-p)^3 \ (\because \text{PRQS は長方形})$$

$$\therefore \ \text{求める比} = \frac{1}{8} : \frac{1}{12} = 3 : 2$$

【4 ポイント解説】

$$\begin{pmatrix} dx/dt \\ dy/dt \end{pmatrix} = \begin{pmatrix} 4 - 4\cos 2t \\ 4\sin 2t \end{pmatrix} = 8\sin t \begin{pmatrix} \sin t \\ \cos t \end{pmatrix} \ // \ \begin{pmatrix} \sin t \\ \cos t \end{pmatrix}$$

$$\vec{l} = 4 \begin{pmatrix} \cos t \\ -\sin t \end{pmatrix}$$

$$\overrightarrow{OQ} = \begin{pmatrix} 4t - 2\sin(2t) \\ 2 - 2\cos(2t) \end{pmatrix} + 4 \begin{pmatrix} \cos t \\ -\sin t \end{pmatrix}$$

Q の速度ベクトルは

$$8\sin t \begin{pmatrix} \sin t \\ \cos t \end{pmatrix} - 4 \begin{pmatrix} \sin t \\ \cos t \end{pmatrix} = (8\sin t - 4) \begin{pmatrix} \sin t \\ \cos t \end{pmatrix}$$

これが $\vec{0}$ となるとき，$\sin t = \dfrac{1}{2}$

$\therefore t = \dfrac{\pi}{6}, \ \dfrac{5}{6}\pi$

$$\int_{\frac{\pi}{6}}^{\frac{5}{6}\pi} (8\sin t - 4)dx = [-8\cos t - 4t]_{\frac{\pi}{6}}^{\frac{5}{6}\pi} = -8\cdot\left(-\sqrt{3}\right) - 4\cdot\dfrac{2}{3}\pi = 8\sqrt{3} - \dfrac{8}{3}\pi$$

第9回

問 Q.		問題番号 row	正解 A.
I	問 1	A	6
		BC	− 2
		DE	− 1
		F	5
		GHI	− 32
		JKL	552
	問 2	MNOP	3132
		QR	14
		STUV	4348
		WXY	314
II	問 1	A	2
		BC	21
		DEFG	2442
		HI	− 1
		JK	31
		L	7
	問 2	MN	22
		OP	42
		QR	26
		STU	252
		V	0
		W	2
		XY	92
		Z	0

問 Q.		問題番号 row	正解 A.
III		A	0
		B	6
		C	2
		DE	34
		F	2
		G	1
		H	1
		IJK	123
IV		A	4
		BC	11
		D	2
		E	4
		F	8
		G	2
		H	1
		IJ	21
		K	1
		LM	83

【1－1 ポイント解説】

$a < 0, \ b < 0, \ c > 0$

$3a + 3 < 0, \ 1 - \dfrac{a^2}{4} > 0 \qquad \therefore -2 < a < -1$

$D : -y = a(-x)^2 + b(-x) + c, \quad \text{i.e.} \ y = -ax^2 + bx - c$

$E : y - q = -a(x - p)^2 + b(x - p) - c$

　　i.e. $y = -ax^2 + (2ap + b)x + (q - ap^2 - bp - c)$

$\therefore 2ap + b > 0, \ q - ap^2 - bp - c < 0$

　　i.e. $p < -\dfrac{b}{2a}, \ q < ap^2 + bp + c$

これは，右図を見ると納得できる。

$-a + 3a + 3 > 0, \ \dfrac{3}{4} - \dfrac{a}{4} + \dfrac{3a + 3}{2} - 1 + \dfrac{a^2}{4} < 0$

$2a + 3 > 0, \ a^2 + 5a + 5 < 0$

$-\dfrac{3}{2} < a < \dfrac{-5 + \sqrt{5}}{2}$

【1－2 ポイント解説】

$$d_k = \begin{cases} 0 \cdots 確率\dfrac{1}{2} \\[2mm] 1 \cdots 確率\dfrac{1}{3} \\[2mm] 2 \cdots 確率\dfrac{1}{6} \end{cases}$$

(1)　　$1 - \left(\dfrac{1}{2}\right)^5 = \dfrac{31}{32}$

　　　　$d_1 = d_2 = 0, \quad \left(\dfrac{1}{2}\right)^2 = \dfrac{1}{4}$

(2)　　余事象は，$d_1 = d_2 = d_3 = 0, \ d_4 = 0 \text{or} 1$

　　　　$1 - \left(\dfrac{1}{2}\right)^3 \cdot \dfrac{5}{6} = 1 - \dfrac{5}{48} = \dfrac{43}{48}$

(3)　　条件付確率の分母は，$\dfrac{1}{4} - \dfrac{5}{48} = \dfrac{7}{48}$

分子は, $\begin{cases} 0.00100_{(3)} \text{ or} \\ \\ 0.00200_{(3)} \end{cases}$ となる確率で, $\left(\dfrac{1}{2}\right)^4 \cdot \left(\dfrac{1}{3} + \dfrac{1}{6}\right) = \dfrac{1}{32}$

$\therefore \dfrac{\dfrac{1}{32}}{\dfrac{7}{48}} = \dfrac{3}{14}$

【2－1 ポイント解説】

(1)

$$\left|\overrightarrow{OP}\right|^2 = 4 + 2x \cdot 2 + x^2 \cdot 4 = 4(x^2 + x + 1)$$
$$\left|\overrightarrow{OQ}\right|^2 = 4 + 2y \cdot 2 + y^2 \cdot 4 = 4(y^2 + y + 1)$$
$$\overrightarrow{OP} \cdot \overrightarrow{OQ} = 2xy + 4x + 4y + 2 = 2(xy + 2x + 2y + 1)$$

(2)

$$\overrightarrow{OP} \cdot \overrightarrow{OQ} = 0$$
$$(x + 2)(y + 2) = 3$$

これを満たす y が存在しないのは, $x = -2$ のとき。

(3) OP=OQ かつ $x \neq y$ のとき

$$x^2 + x + 1 = y^2 + y + 1$$
$$x^2 - y^2 = -(x - y)$$
$$x + y = -1$$

$$(2S)^2 = \left|\overrightarrow{OP}\right|^2 \left|\overrightarrow{OQ}\right|^2 - \left(\overrightarrow{OP} \cdot \overrightarrow{OQ}\right)^2$$
$$S^2 = 4(x^2 + x + 1)(y^2 + y + 1) - (xy + 2x + 2y + 1)^2$$
$$= 4\left\{v^2 + v(-1) + (-1)^2 - v + (-1) + 1\right\} - \left\{v + 2(-1) + 1\right\}^2$$
$$= 4(v - 1)^2 - (v - 1)^2 = 3(v - 1)^2$$

$x,\ y$ が t の2次方程式 $t^2 + t + v = 0$ の異なる2実解だから,

$$判別式 = 1 - 4v > 0 \quad \text{i.e.} \quad v < \frac{1}{4}$$
$$\therefore\ S > \sqrt{3}\left|\frac{1}{4} - 1\right| = \frac{3}{4}\sqrt{3}$$

【2－2 ポイント解説】

$$\frac{1}{x} = a - x$$

$$x^2 - ax + 1 = 0 \ (x \neq 0)$$

判別式 $= a^2 - 4 > 0, \quad |a| > 2$

$$x_{\mathrm{P}}, \ x_{\mathrm{Q}} = \frac{a \pm \sqrt{a^2 - 4}}{2}$$

$$\therefore \ R : x = \frac{1}{3}\left(\frac{a - \sqrt{a^2 - 4}}{2} + 2 \cdot \frac{a + \sqrt{a^2 - 4}}{2}\right) = \frac{a}{2} + \frac{\sqrt{a^2 - 4}}{6}$$

$$(6x - 3a)^2 = a^2 - 4, \ 6x - 3a > 0$$

$a = x + y$ を代入して

$$(3x - 3y)^2 = (x + y)^2 - 4, \ 3x - 3y > 0$$

$$2x^2 - 5xy + 2y^2 = -1, \ x - y > 0$$

$$x + iy = \frac{1 + i}{\sqrt{2}}(X + iY) \ \text{より}, \ x = \frac{X - Y}{\sqrt{2}}, \ y = \frac{X + Y}{\sqrt{2}}$$

②：$2(x - y)^2 - xy = -1, \ x - y > 0$ に代入して

$$2\left(-\sqrt{2}Y\right)^2 - \frac{X^2 - Y^2}{2} = -1, \ -\sqrt{2}Y > 0$$

$$\frac{X^2}{2} - \frac{9}{2}Y^2 = 1, \ Y < 0$$

$$\therefore \ X^2 - 9Y^2 = 2, \ Y < 0$$

【3 ポイント解説】

$$C_1 : y = -e^{-x} + a, \quad C_2 : y = b \log x$$

$$l_1 : y = e^{-s}(x - s) - e^{-s} + a$$

$$l_2 : y = \frac{b}{t}(x - t) + b \log t$$

これらが一致する条件は

$$e^{-s} = \frac{b}{t}, \quad (-s - 1)e^{-s} + a = b \log t - b$$

i.e. $\quad t = be^s$(右辺は正)$, \quad a = (s+1)e^{-s} + b \{\log(be^s) - 1\} \cdots$ ①

① : $f(s) = (s+1)e^{-s} + b(s + \log b - 1) = a$

$\quad f'(s) = b - \underbrace{se^{-s}}_{g(s)とおく}$

$\quad g'(s) = (1 - s)e^{-s}$

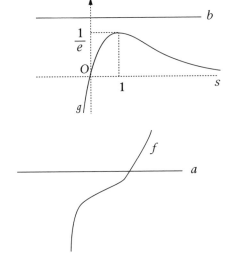
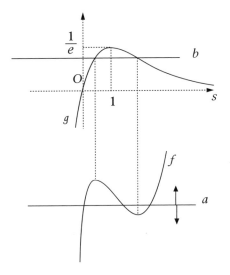

〈参考〉

$$\left(-e^{-x} - b \log x\right)' = e^{-x} - \frac{b}{x} = \frac{xe^{-x} - b}{x} = \frac{-f'(x)}{x}$$

となります。当然ですが，2曲線が共有点を持つ条件と関係します。

最後の場合分けは，C_2 の曲率変化によって起こります。

【4 ポイント解説】

$$I_{n+2} = \int_0^{\frac{\pi}{4}} \tan^{n+2} x \, dx$$

$$= \int_0^{\frac{\pi}{4}} \tan^n x \left(\frac{1}{\cos^2 x} - 1 \right) dx$$

$$= \left[\frac{\tan^{n+1} x}{n+1} \right]_0^{\frac{\pi}{4}} - I_n$$

$$= \frac{1}{n+1} - I_n$$

$$V_n = \int_0^2 \pi x^2 \, dy$$

$$= \int_0^{\alpha} \pi x^2 \cdot f_n{}'(x) \, dx \quad \left(\text{ただし,} \ \alpha = \frac{\pi}{4} \right)$$

$$= \left[\pi x^2 f_n(x) \right]_0^{\alpha} - \int_0^{\alpha} 2\pi x f_n(x) \, dx$$

$$= \frac{\pi^3}{8} - 2\pi \left(\left[x \cdot \frac{\tan^{n+1} x}{n+1} \right]_0^{\alpha} - \int_0^{\alpha} \frac{\tan^{n+1} x}{n+1} \, dx \right)$$

$$= \frac{\pi^3}{8} - \frac{\pi^2}{2} \cdot \frac{1}{n+1} + \frac{2\pi}{n+1} I_{n+1}$$

$$\therefore V_3 = \frac{\pi^3}{8} - \frac{\pi^2}{8} + \frac{\pi}{2} I_4$$

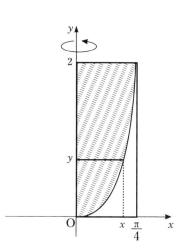

ここで

$$I_4 = \frac{1}{3} - I_2 = \frac{1}{3} - (1 - I_0) = \frac{\pi}{4} - \frac{2}{3}$$

$$\therefore V_3 = \frac{\pi^3}{8} - \frac{\pi^2}{8} + \frac{\pi}{2} \left(\frac{\pi}{4} - \frac{2}{3} \right)$$

$$= \underline{\frac{\pi^3}{8} - \frac{\pi}{3}}$$

$\dfrac{\pi^3}{8}$ は,黒枠の長方形を回した円柱の体積。

第 10 回

問 Q.		問題番号 row	正解 A.
I	問1	AB	24
		CD	21
		EF	56
		G	2
		HIJ	122
		K	2
	問2	L	8
		MN	14
		OP	14
		QRS	324
		TUV	256
		WXY	116
II	問1	A	1
		BCD	368
		EFG	314
		HI	65
		JK	− 1
		L	6
		M	5
	問2	N	8
		O	1
		P	2
		Q	7
		R	4
		STU	222
		VWXYZ	12712

問 Q.		問題番号 row	正解 A.
III		AB	14
		C	2
		DE	22
		F	2
		GHI	234
		J	3
		KLM	552
		NO	42
IV		AB	21
		CD	13
		EFG	163
		HIJ	313
		KLM	− 11
		NO	02
		PQR	163
		STUV	4056
		WXY	809

【1−1 ポイント解説】

(1) 軸が定義域**外**にあると無理。

$$f(\pm 1) = 1 \pm b + c = 1, \quad \text{i.e.} \quad c = \mp b$$

$$f\left(-\frac{b}{2}\right) = c - \frac{b^2}{4} = -1$$

$$\begin{cases} c = -b \to b^2 + 4b - 4 = 0 \therefore b = -2 + 2\sqrt{2} \\ c = b \to b^2 - 4b - 4 = 0 \therefore b = 2 - 2\sqrt{2} \end{cases} \quad (\because |b| \leqq 2)$$

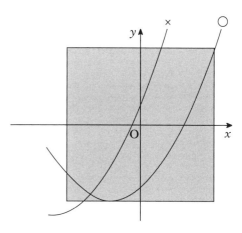

(2) 軸が定義域**内**にあると無理。

$$\begin{cases} f(1) = \dfrac{1}{4} + b + c = 1, \\ f(-1) = \dfrac{1}{4} - b + c = -1 \end{cases} \quad \text{or} \quad \begin{cases} f(1) = \dfrac{1}{4} + b + c = -1, \\ f(-1) = \dfrac{1}{4} - b + c = 1 \end{cases}$$

$$b = \pm 1, \quad c = -\frac{1}{4}$$

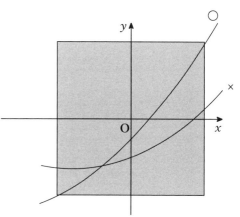

【1−2ポイント解説】

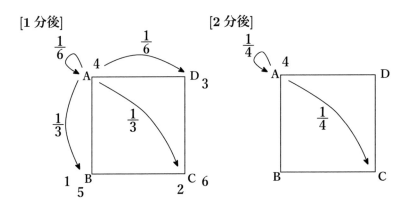

$$P\left(A \to A\right) = \left(\frac{1}{6}\right)^2 + 2 \cdot \frac{1}{3} \cdot \frac{1}{6} + \left(\frac{1}{3}\right)^2 = \frac{1}{4}$$

$$P\left(A \to C\right) = 2 \cdot \frac{1}{3} \cdot \frac{1}{6} + \left(\frac{1}{3}\right)^2 + \left(\frac{1}{6}\right)^2 = \frac{1}{4}$$

(3) 順に，次の通り：

$$1分ごと：A \underset{\frac{1}{6}}{\to} A \underset{\frac{1}{3}}{\to} C \underset{\frac{1}{6}}{\to} C \underset{\frac{1}{3}}{\to} A$$

$$2分ごと：A \underset{\frac{1}{4}}{\to} A \underset{\frac{1}{4}}{\to} C \underset{\frac{1}{4}}{\to} C \underset{\frac{1}{4}}{\to} A$$

$$2分ごと：A \underset{\frac{1}{2}}{\to} B or \underline{D} \underset{\frac{1}{2}}{\to} \underline{A} or \underline{C} \underset{\frac{1}{2}}{\to} B or \underline{D} \underset{\frac{1}{2}}{\to} \underline{A} or \underline{C}$$

【2−1 ポイント解説】

$f'(x) = 3(8x^2 + 4x - 1)$ より右表を得る。

ここで,$\alpha = \dfrac{1.732\cdots - 1}{4} = 0.18\cdots,$

$\dfrac{1}{5} = 0.2,\ \dfrac{1}{6} = 0.16\cdots$ だから

$\cdots < \dfrac{1}{7} < \dfrac{1}{6} < \alpha < \dfrac{1}{5} < \dfrac{1}{4} < \cdots$

x	(0)	$\cdots$	α	$\cdots$
$f'(x)$		$-$	0	$+$
$f(x)$		$\searrow$	極小	$\nearrow$

これと ③ より $\cdots > b_7 > b_6$。また,$b_5 < b_4 < \cdots$

$$b_6 = 1 + \frac{-64}{6^3} = 1 - \frac{8}{27}$$

$$b_5 = 1 + \frac{-37}{125}$$

$$\therefore b_6 - b_5 = -\frac{8}{27} - \frac{-37}{125}$$

$$= \frac{-8 \cdot 125 + 37 \cdot 27}{27 \cdot 125}$$

$$= \frac{-1}{27 \cdot 125} < 0$$

$$\therefore b_6 < b_5$$

以上より,求めるものは,$m = 6,\ n = 5$。

【2−2ポイント解説】

(1)

$$F : \overline{\alpha}z + \alpha\overline{z} = 2z\overline{z}$$

$$z\overline{z} - \frac{\overline{\alpha}}{2}z - \frac{\alpha}{2}\overline{z} = 0$$

$$\left(z - \frac{\alpha}{2}\right)\left(\overline{z} - \frac{\overline{\alpha}}{2}\right) = \frac{\alpha}{2} \cdot \frac{\overline{\alpha}}{2}$$

$$\left|z - \frac{\alpha}{2}\right| = \left|\frac{\alpha}{2}\right|$$

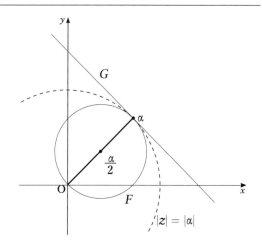

(2)

$$F' : \overline{\beta}z + \beta\overline{z} \geqq z\overline{z}$$

$$z\overline{z} - \overline{\beta}z - \beta\overline{z} \leqq 0$$

$$(z - \beta)\left(\overline{z} - \overline{\beta}\right) \leqq \beta \cdot \overline{\beta}$$

$$|z - \beta| \leqq |\beta|$$

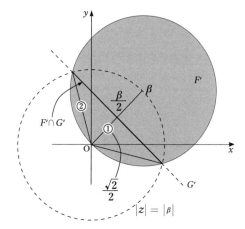

【3ポイント解説】

(1)

$$f(x) = (x-a)^2 \left\{ 1 + \frac{(x+a)^2}{4} \right\}$$

$$f'(x) = 2(x-a) \left\{ 1 + \frac{(x+a)^2}{4} \right\} + (x-a)^2 \cdot \frac{x+a}{2}$$

$$= \frac{1}{2}(x-a) \left\{ 4 + (x+a)^2 + (x-a)(x+a) \right\}$$

$$= (x-a)(x^2 + ax + 2)$$

(2)　$a^2 - 4 \cdot 2 \leqq 0$ かつ $a^2 + a \cdot a + 2 \neq 0$ より。

(3)　$a = 3$ のとき $f'(x) = \frac{1}{2}(x-3)(x+1)(x+2)$

　　　題意の条件は，$\dfrac{125}{4} < r^2 < 32$

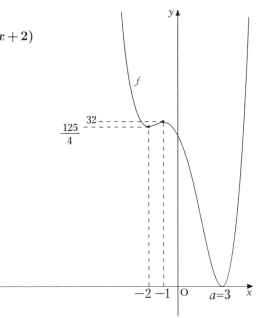

【4 ポイント解説】

$$\frac{dx}{dt} = -2t + 2, \quad \frac{dy}{dt} = -4t \quad \therefore \quad \frac{dy}{dx} = \frac{-4t}{-2t+2} = \frac{2t}{t-1}$$

$$\frac{2t}{t-1} = -1, \quad t = \frac{1}{3}$$

このとき, $a = x + y = -3t^2 + 2t + 5 = -\frac{1}{3} + \frac{2}{3} + 5 = \frac{16}{3}$

$$\frac{16}{3} - (x + y) = 3t^2 - 2t + \frac{1}{3} = 3\left(t - \frac{1}{3}\right)^2 \geqq 0$$

$$x = -t^2 + 2t + 3 = (1 + t)(3 - t) \geqq 0, \quad y = 2(1 + t)(1 - t) \geqq 0$$

$$\therefore \quad -1 \leqq t \leqq 1$$

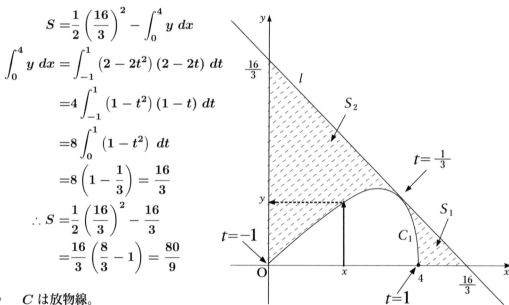

$$S = \frac{1}{2}\left(\frac{16}{3}\right)^2 - \int_0^4 y \, dx$$

$$\int_0^4 y \, dx = \int_{-1}^1 \left(2 - 2t^2\right)\left(2 - 2t\right) dt$$

$$= 4\int_{-1}^1 \left(1 - t^2\right)\left(1 - t\right) dt$$

$$= 8\int_0^1 \left(1 - t^2\right) dt$$

$$= 8\left(1 - \frac{1}{3}\right) = \frac{16}{3}$$

$$\therefore \quad S = \frac{1}{2}\left(\frac{16}{3}\right)^2 - \frac{16}{3}$$

$$= \frac{16}{3}\left(\frac{8}{3} - 1\right) = \frac{80}{9}$$

〈参考〉 C は放物線。

付録

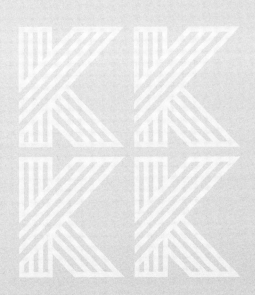

▲ 啓程塾 日本留学試験（EJU）模擬試験　[表 FRONT SIDE]

数 学 解 答 用 紙

◆ あなたの受験票と同じかどうか確かめてください。Check that these are the same as your Examination Voucher. ◆

受 験 番 号
Examinee Registration Number

名 前
Name

この解答用紙に解答するコースを、一つ○で囲み、その下のマーク欄をマークしてください。
Circle the name of the course you are talking and fill in the oval under it.

解答コース Course	
コース1 Course 1	コース2 Course 2
○	○

I 解 答 欄 Answer

解答記号	–	0	1	2	3	4	5	6	7	8	9
A											
B											
C											
D											
E											
F											
G											
H											
I											
J											
K											
L											
M											
N											
O											
P											
Q											
R											
S											
T											
U											
V											
W											
X											
Y											
Z											

II 解 答 欄 Answer

解答記号	–	0	1	2	3	4	5	6	7	8	9
A											
B											
C											
D											
E											
F											
G											
H											
I											
J											
K											
L											
M											
N											
O											
P											
Q											
R											
S											
T											
U											
V											
W											
X											
Y											
Z											

（裏面を参照。）(Use the reverse side for III, IV and V.)

【悪い例 Incorrect Example】

注意事項 Note

1. 必ず鉛筆 (HB) で記入してください。

2. この解答用紙を汚したり折ったりしてはいけません。

3. マークは下のよい例のように、○わく内を完全に塗りつぶしてください。

Marking Examples.

よい例 Correct	悪い例 Incorrect
●	⊗ ◐ ◑

4. 訂正する場合はプラスチック消しゴムで完全に消し、消しくずを残してはいけません。

5. 解答番号は A から Z まであ りますが、問題のあるところまで答えて、あとはマークしないでください。

6. 所定の欄以外には何も書いてはいけません。

7. III、IV、V の解答欄は裏面にあります。

8. この解答用紙は全て機械で処理しますので、以上の1から6までが守られていないと採点されません。

◢ 啓程塾 日本留学試験 (EJU) 模擬試験

数 学 解 答 用 紙

III											
解答記号	解	答	欄 Answer								
	−	0	1	2	3	4	5	6	7	8	9
A	⊝	⓪	①	②	③	④	⑤	⑥	⑦	⑧	⑨
B	⊝	⓪	①	②	③	④	⑤	⑥	⑦	⑧	⑨
C	⊝	⓪	①	②	③	④	⑤	⑥	⑦	⑧	⑨
D	⊝	⓪	①	②	③	④	⑤	⑥	⑦	⑧	⑨
E	⊝	⓪	①	②	③	④	⑤	⑥	⑦	⑧	⑨
F	⊝	⓪	①	②	③	④	⑤	⑥	⑦	⑧	⑨
G	⊝	⓪	①	②	③	④	⑤	⑥	⑦	⑧	⑨
H	⊝	⓪	①	②	③	④	⑤	⑥	⑦	⑧	⑨
I	⊝	⓪	①	②	③	④	⑤	⑥	⑦	⑧	⑨
J	⊝	⓪	①	②	③	④	⑤	⑥	⑦	⑧	⑨
K	⊝	⓪	①	②	③	④	⑤	⑥	⑦	⑧	⑨
L	⊝	⓪	①	②	③	④	⑤	⑥	⑦	⑧	⑨
M	⊝	⓪	①	②	③	④	⑤	⑥	⑦	⑧	⑨
N	⊝	⓪	①	②	③	④	⑤	⑥	⑦	⑧	⑨
O	⊝	⓪	①	②	③	④	⑤	⑥	⑦	⑧	⑨
P	⊝	⓪	①	②	③	④	⑤	⑥	⑦	⑧	⑨
Q	⊝	⓪	①	②	③	④	⑤	⑥	⑦	⑧	⑨
R	⊝	⓪	①	②	③	④	⑤	⑥	⑦	⑧	⑨
S	⊝	⓪	①	②	③	④	⑤	⑥	⑦	⑧	⑨
T	⊝	⓪	①	②	③	④	⑤	⑥	⑦	⑧	⑨
U	⊝	⓪	①	②	③	④	⑤	⑥	⑦	⑧	⑨
V	⊝	⓪	①	②	③	④	⑤	⑥	⑦	⑧	⑨
W	⊝	⓪	①	②	③	④	⑤	⑥	⑦	⑧	⑨
X	⊝	⓪	①	②	③	④	⑤	⑥	⑦	⑧	⑨
Y	⊝	⓪	①	②	③	④	⑤	⑥	⑦	⑧	⑨
Z	⊝	⓪	①	②	③	④	⑤	⑥	⑦	⑧	⑨

IV											
解答記号	解	答	欄 Answer								
	−	0	1	2	3	4	5	6	7	8	9
A	⊝	⓪	①	②	③	④	⑤	⑥	⑦	⑧	⑨
B	⊝	⓪	①	②	③	④	⑤	⑥	⑦	⑧	⑨
C	⊝	⓪	①	②	③	④	⑤	⑥	⑦	⑧	⑨
D	⊝	⓪	①	②	③	④	⑤	⑥	⑦	⑧	⑨
E	⊝	⓪	①	②	③	④	⑤	⑥	⑦	⑧	⑨
F	⊝	⓪	①	②	③	④	⑤	⑥	⑦	⑧	⑨
G	⊝	⓪	①	②	③	④	⑤	⑥	⑦	⑧	⑨
H	⊝	⓪	①	②	③	④	⑤	⑥	⑦	⑧	⑨
I	⊝	⓪	①	②	③	④	⑤	⑥	⑦	⑧	⑨
J	⊝	⓪	①	②	③	④	⑤	⑥	⑦	⑧	⑨
K	⊝	⓪	①	②	③	④	⑤	⑥	⑦	⑧	⑨
L	⊝	⓪	①	②	③	④	⑤	⑥	⑦	⑧	⑨
M	⊝	⓪	①	②	③	④	⑤	⑥	⑦	⑧	⑨
N	⊝	⓪	①	②	③	④	⑤	⑥	⑦	⑧	⑨
O	⊝	⓪	①	②	③	④	⑤	⑥	⑦	⑧	⑨
P	⊝	⓪	①	②	③	④	⑤	⑥	⑦	⑧	⑨
Q	⊝	⓪	①	②	③	④	⑤	⑥	⑦	⑧	⑨
R	⊝	⓪	①	②	③	④	⑤	⑥	⑦	⑧	⑨
S	⊝	⓪	①	②	③	④	⑤	⑥	⑦	⑧	⑨
T	⊝	⓪	①	②	③	④	⑤	⑥	⑦	⑧	⑨
U	⊝	⓪	①	②	③	④	⑤	⑥	⑦	⑧	⑨
V	⊝	⓪	①	②	③	④	⑤	⑥	⑦	⑧	⑨
W	⊝	⓪	①	②	③	④	⑤	⑥	⑦	⑧	⑨
X	⊝	⓪	①	②	③	④	⑤	⑥	⑦	⑧	⑨
Y	⊝	⓪	①	②	③	④	⑤	⑥	⑦	⑧	⑨
Z	⊝	⓪	①	②	③	④	⑤	⑥	⑦	⑧	⑨

V											
解答記号	解	答	欄 Answer								
	−	0	1	2	3	4	5	6	7	8	9
A	⊝	⓪	①	②	③	④	⑤	⑥	⑦	⑧	⑨
B	⊝	⓪	①	②	③	④	⑤	⑥	⑦	⑧	⑨
C	⊝	⓪	①	②	③	④	⑤	⑥	⑦	⑧	⑨
D	⊝	⓪	①	②	③	④	⑤	⑥	⑦	⑧	⑨
E	⊝	⓪	①	②	③	④	⑤	⑥	⑦	⑧	⑨
F	⊝	⓪	①	②	③	④	⑤	⑥	⑦	⑧	⑨
G	⊝	⓪	①	②	③	④	⑤	⑥	⑦	⑧	⑨
H	⊝	⓪	①	②	③	④	⑤	⑥	⑦	⑧	⑨
I	⊝	⓪	①	②	③	④	⑤	⑥	⑦	⑧	⑨
J	⊝	⓪	①	②	③	④	⑤	⑥	⑦	⑧	⑨
K	⊝	⓪	①	②	③	④	⑤	⑥	⑦	⑧	⑨
L	⊝	⓪	①	②	③	④	⑤	⑥	⑦	⑧	⑨
M	⊝	⓪	①	②	③	④	⑤	⑥	⑦	⑧	⑨
N	⊝	⓪	①	②	③	④	⑤	⑥	⑦	⑧	⑨
O	⊝	⓪	①	②	③	④	⑤	⑥	⑦	⑧	⑨
P	⊝	⓪	①	②	③	④	⑤	⑥	⑦	⑧	⑨
Q	⊝	⓪	①	②	③	④	⑤	⑥	⑦	⑧	⑨
R	⊝	⓪	①	②	③	④	⑤	⑥	⑦	⑧	⑨
S	⊝	⓪	①	②	③	④	⑤	⑥	⑦	⑧	⑨
T	⊝	⓪	①	②	③	④	⑤	⑥	⑦	⑧	⑨
U	⊝	⓪	①	②	③	④	⑤	⑥	⑦	⑧	⑨
V	⊝	⓪	①	②	③	④	⑤	⑥	⑦	⑧	⑨
W	⊝	⓪	①	②	③	④	⑤	⑥	⑦	⑧	⑨
X	⊝	⓪	①	②	③	④	⑤	⑥	⑦	⑧	⑨
Y	⊝	⓪	①	②	③	④	⑤	⑥	⑦	⑧	⑨
Z	⊝	⓪	①	②	③	④	⑤	⑥	⑦	⑧	⑨

启程塾

**進学情報力
日本トップ
クラス**

最も責任感がある
留学生向けの進学塾

― 四大特徴 ―

| 学部文系
学部理系
大学院
芸術
語学など
**豊富な
コースを用意** | すべての
留学生に
最高の
学習環境を提供 | 過去問題
進学情報を
徹底分析 | 通信教育
ビデオ
生配信
授業を展開 |

啓程塾から
難関大学へ　**1077**名

旧帝一工神大学合格者合計 ➤	**62**	名
早稲田慶応上智合格者合計 ➤	**86**	名
GMARCH 関関同立合格者合計 ➤	**102**	名
一流国公立大学 *1 **合格者合計** ➤	**75**	名
一流私立大学 *2 **合格者合計** ➤	**80**	名

*1　広島大学、東京医科歯科大学、千葉大学、筑波大学等
*2　順天堂大学、日本大学、東京理科大学、東京医科大学等

※ 2021 年 3 月迄

啓程塾合格体験記
KEI TEI EDUCATION GROUP

scan

合格のヒントが
たくさんあります

李さん
大阪大学
工学部

崔さん
大阪大学
経済学部

欧陽さん
大阪大学
経済学部

周さん
東京工業大学
工学院

張さん
名古屋大学
農学部

王さん
早稲田大学
基干理工学部

苗さん
早稲田大学
文学部

陸さん
早稲田大学
文化構想学部

徐さん
早稲田大学
創造理工学部

楊さん
慶應義塾大学
文学部

蘇さん
慶應義塾大学
商学部

曹さん
慶應義塾大学
法学部

啓程芸術学院 合格実績
KEITEI Institution of the Arts

 東京藝術大学 **12** 名

 多摩美術大学 **17** 名

 **MAU** **11** 名
武蔵野美術大学

 日本大学 **11** 名

女子美術大学 **5** 名

 東京造形大学 **7** 名

 **KOGEI** **7** 名
東京工芸大学 TOKYO POLYTECHNIC UNIVERSITY

 京都精華大学 **19** 名
seika sekai

 KYOTO UNIVERSITY OF THE ARTS
学校法人 瓜生山学園
京都芸術大学 **5** 名

 大阪芸術大学 **4** 名

 慶應義塾 **2** 名
Keio University

※ 2021 年 3 月迄

予備校関係

啓程教育グループ

啓程塾東京校（本校）

- 📍 東京都新宿区高田馬場 2-18-6
  柳屋ビル 2 階
- 📞 03-6380-3045
- 2294302667

啓程塾北京センター

- 📍 北京市朝陽区東三環建外 SOHO
  東区 5 号楼 8 層 0803 室
- 📞 010-58695812 2294302667

啓程塾広州センター

- 📍 广州市天河区体育东路 122 号
  羊城国际商贸中心东塔 1907 室
- 📞 020-66640120 2294302667

啓程塾上海センター

📍 上海市黄浦区徐家汇路 555 号
　広东发展银行大厦 8A
📞 021-53513553　📠 2294302667

啓程塾成都センター

📍 四川省成都市锦江区 IFS 国际金融中心
　二号写字楼 1909 号
📞 028-60721986　📠 2294302667

啓程美術学院（芸術進学）

📍 東京都新宿区高田馬場 2-18-6 柳屋ビル B1
📞 03-6380-3045　📠 2294302667

啓程云課堂（クラウド教育）

📍 東京都新宿区高田馬場 2-18-6 柳屋ビル 2 階
📞 03-6380-3045　📠 2294302667

日本語学校関係

早稲田進学館

📍 東京都北区中里 2-27-1 AST ビル
📞 03-6903-6395　📠 2294302667

早稲田進学館中野校

📍 東京都杉並区高円寺南 2-53-4
📞 03-5913-7328　📠 2294302667

数学公式集

STEP 1

はじめに，WeChat（微信）で上記の
QRコードをスキャンします。

STEP 2

タッチします。

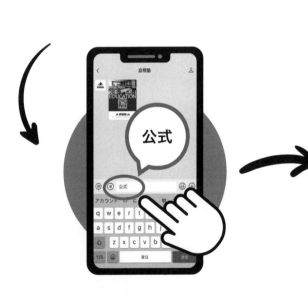

STEP 3

「公式」を入力します。

STEP 4

数学公式を確認しましょう。

日本留学試験（EJU）予想問題集

数学　コース2

2021 年 5 月 13 日　初版第 1 刷発行

著　者　　啓程塾
執筆者　　広瀬和之
編集者　　張　健　　朱心元
発行者　　李　旭
発行所　　株式会社啓程
　　　　　〒 169-0075　東京都新宿区高田馬場 2 丁目 18 番 6 号　柳屋ビル 2 階
　　　　　TEL: 03-6380-3045
　　　　　http://www.qichengshu.com/
発売所　　日販アイ・ピー・エス株式会社
　　　　　〒 113-0034　東京都文京区湯島 1-3-4
　　　　　TEL: 03-5802-1859　FAX: 03-5802-1891
印刷所　　シナノ書籍印刷株式会社

ISBN978-4-910159-53-9